BURT FRANKLIN: RESEARCH & SOURCE WORKS SERIES 823
Selected Essays in History, Economics & Social Science 297

LE ROLE

DE

DUPONT DE NEMOURS

LE ROLE

DE

DUPONT DE NEMOURS

EN MATIÈRE FISCALE

A L'ASSEMBLÉE CONSTITUANTE

PAR

L. CUNY

BURT FRANKLIN
NEW YORK

Published by LENOX HILL Pub. & Dist. Co. (Burt Franklin)
235 East 44th St., New York, N.Y. 10017
Originally Published: 1909
Reprinted: 1971
Printed in the U.S.A.

S.B.N.: 8337-07418
Library of Congress Card Catalog No.: 74-132533
Burt Franklin: Research and Source Works Series 823
Selected Essays in History, Economics & Social Science 297

Reprinted from the original edition in the University of Pennsylvania Library.

BIBLIOGRAPHIE

BATBIE. — Mélanges d'économie politique contenant : 1° Mémoire sur le prêt à intérêt ; 2° Mémoire sur l'impôt avant et après 1789. Paris. Cotillon, 1860.
BLANC L. — Révolution Française. Paris. Langlois et Leclercq.
BRISSAUD. — Cours d'histoire générale du droit français public et privé. Paris. Fontemoing, 1904; 2 tomes.
BUCHEZ ET ROUX. — Histoire parlementaire de la Révolution. Paris. Paulin, 1835-1848 ; 40 volumes.
CHAMPION EDME. — La France d'après les cahiers de 1789. Paris. Colin, 1897.
CHAUVEAU L. — Traité des impôts et des réformes à introduire dans leur assiette et leur mode de perception. Durand et Pedone-Lauriel. Paris, 1883.
CHEREST AIMÉ. — La chute de l'ancien régime ; 2 volumes Paris. Hachette, 1884.
COURCELLE-SENEUIL. — Traité théorique et pratique d'économie politique, 2ᵉ édition, t. Iᵉʳ. Paris. Amyot, 1867.
DENIS HECTOR. — Histoire des systèmes économiques et socialistes. Édition Rozez (sans date).
— L'impôt, 1ʳᵉ série. Leçons données aux cours publics de la ville de Bruxelles, 1889.
DESSART E. — Traité de l'impôt foncier, 2ᵉ édition, 1903.
DUPONT DE NEMOURS. — Discours prononcé à l'Assemblée Nationale sur l'état et les ressources des finances.

Baudouin, imprimeur de l'Assemblée Nationale, 1789.

Dupont de Nemours. — Rapport fait au nom du Comité des finances à l'Assemblée Nationale le 14 août 1790. Baudouin.

Fournier de Flaix. — La Réforme de l'impôt en France. Paris. Guillaumin, 1885.

Gomel Charles. — Les causes financières de la Révolution Française. Paris. Guillaumin, 1892.

— Histoire financière de l'Assemblée Constituante ; 2 tomes. Guillaumin, 1896-1897.

Lameth. — Histoire de l'Assemblée Constituante ; 2 volumes. Paris. Montaudier, 1828.

Lavergne (de, Léonce). — Les Économistes français du XVIII° siècle. Paris. Guillaumin, 1870.

L'Archevêque. — Du régime des tabacs en France et à l'étranger, 1887. A. Rousseau, éditeur.

Loménie (de). — Les Mirabeau. Nouvelles études sur la société française au XVIII° siècle. 2 tomes. Paris, E. Dentu, 1879.

Luigi Cossa. — Histoire des doctrines économiques. Paris, Giard et Brière, 1899.

Parieu (de). — Traité des impôts, 4 volumes, 2° édition, 1866.

Poncins (de). — Les cahiers de 1789 ou les vrais principes libéraux. Paris, Didier, 1866.

Rabaut Saint-Étienne. — Tome 1er de ses œuvres. Paris, Laisné, 1826.

Rousset. — Histoire des impôts indirects, depuis leur établissement aux premiers temps de la monarchie, jusqu'à leur reconstitution à l'époque impériale. Paris, A. Rousseau, 1883.

Schelle. — Dupont de Nemours et l'école physiocratique. Paris, Alcan, 1888.

Stourm (René). — Les finances de l'ancien régime et de la Révolution. 2 tomes. Paris, Guillaumin, 1885.

Stourm (René). — Bibliographie historique des finances de la France au xviiie siècle.
Tocqueville (de). — L'ancien régime et la Révolution, 6e édition. Paris, Calman Lévy,1877.
Stourm. — Systèmes généraux d'impôts. Paris, Guillaumin,1893.

Recueils, Journaux, Revues.

Collection des principaux économistes, Paris. Guillaumin, 1846.
Journal des Économistes, 1re série, tomes 17 et 18, 2e série, tome IV.
Revue de synthèse historique, tomes 10 et 11.
Bulletin des lois, tomes 1, 2, 3 et 4, collection des lois, antérieures au *Bulletin des lois*.
Recueil général, annoté, des lois, décrets, ordonnances, publié par les rédacteurs du *Journal des notaires et des avocats*. Paris, bureau de l'administration du Journal des notaires et des avocats, rue de Condé, n° 10, 1834.
Archives parlementaires, publiées par Mavidal et Laurent, 1re série, tomes 1 à 33.
Recueil de Duvergier, collection complète des lois, décrets, ordonnances, règlements, avis du Conseil d'État depuis 1788 par ordre chronologique, 2e édition. Paris, Guyot et Scribe, 1833.
Le Moniteur.
Journal des débats et des décrets, 5 mai 1789-30 nivose, an VIII, 73 volumes.
Dictionnaire d'économie politique, 2e édition. Paris, Guillaumin.
Nouveau dictionnaire d'économie politique, de L. Say et J. Chailley, 1891.
Dictionnaire des finances de Léon Say.

INTRODUCTION

NOTICE BIOGRAPHIQUE

Si Dupont de Nemours a beaucoup écrit, on peut dire de même qu'il a beaucoup agi. Il a cherché toute sa vie à faire admettre et à faire appliquer les théories de son maître, Quesnay, les théories de l'école physiocratique, et l'on verra dans le trop rapide exposé que nous allons faire de sa vie, qu'il fut plus encore, homme d'action que théoricien.

C'est à Paris que naquit le 18 décembre 1739, Pierre-Samuel Dupont. Son père, d'une famille de bourgeois fort riches, par principe ennemi des gens de lettres, ne fit rien pour donner à son fis une éducation même succincte. Peut-être laissa-t-il ce soin, à sa femme, qui, d'une intelligence rare et d'une éducation parfaite, travailla sans cesse à orner l'esprit richement doué du jeune Pierre-Samuel. Ce fut pour ce dernier une grande perte que la disparition de sa mère. Cependant elle mourait à une époque où il était capable de résister au mauvais vouloir de son père et où il pouvait se créer lui-même une situation. Il hésita longtemps sur la direction à prendre, essayant successivement la marine et la médecine, faisant de la littérature, ébauchant ses premiers vers (1).

Il a cherché un peu partout, il a beaucoup lu, beaucoup retenu et de lui-même sans aucun conseil, il se met à étudier les problèmes économiques. Il écrit un premier ouvrage : *Réflexions sur la richesse de l'État.* Le hasard voulut que ce travail vînt à tomber entre les mains de Quesnay qui entrevit la possibilité de faire de l'auteur un nouvel adepte, se le fit présenter et l'invita aux réunions qui se tenaient chez Mme de Pompadour, protectrice du Dr Quesnay, alors médecin de Louis XV.

Dupont allait entrer tout jeune encore, dans cette école à la grandeur de laquelle il devait contribuer et qui n'en était alors, c'est-à-dire vers 1763, qu'à ses débuts. Quesnay en avait déjà posé les principes essentiels dans l'ouvrage qui devait rester le programme

---

1. Nous disons « ses premiers vers » Il est assez curieux, en effet, que Dupont qui par ses travaux semblait être doué d'un esprit essentiellement scientifique, a eu un peu toute sa vie, la manie de la versification. C'est ainsi, qu'adressant à Voltaire ses *Réflexions sur la richesse de l'État*, il crut devoir l'accompagner de quelques poésies. Cette idée bizarre lui valut une réponse pleine d'esprit, mais assez dure, du patriarche de Ferney (*Lettre de Voltaire*, 16 août 1763).

Plus tard en 1781, il publia deux volumes de vers, dont une traduction de l'Arioste.

des physiocrates, nous voulons parler du *Tableau économique* paru dès 1758; et Dupont de Nemours n'était certes pas le premier admirateur et élève de Quesnay. Mais il semble bien que l'école ne soit définitivement constituée qu'en 1767. Alors, Quesnay a donné le meilleur de ses œuvres et réuni autour de lui le plus grand nombre de ses disciples.

Mercier de la Rivière a publié son grand ouvrage : *L'ordre naturel et essentiel des sociétés politiques* (1767).

Turgot, franchement physiocrate, vient d'achever ses *Réflexions sur la formation et la distribution des richesses*.

Le Trosne converti par l'abbé Baudeau depuis 1764, a commencé lui aussi la publication de nombreux volumes.

De Butré, Abeille, de Saint-Peravye, etc... font également partie de l'école.

Enfin c'est en 1767 que les économistes disposent d'un journal absolument consacré au développement et à la vulgarisation de leurs théories. *Les Ephémérides*, journal créé par l'abbé Baudeau, qui paraissait jusqu'alors comme journal mondain et qui se transforma entièrement à cette date.

Nous ne saurions entreprendre d'exposer ici les théories de l'école physiocratique, un pareil travail sortirait du cadre de notre étude, mais il nous paraît utile de donner en quelques mots un aperçu des idées fiscales de cette école. Cela nous permettra par la suite, de faire comprendre plus facilement certaines expressions et certains principes qu'il nous faudrait reprendre et expliquer au cours de notre thèse (1).

Toute la théorie fiscale de l'école, découle de ce principe, que l'agriculture seule est productive de richesses et elle est productive de richesses, parce que génératrice de matière et de valeur.

De matière, car elle puise directement dans la nature, ce qui transformé et déplacé, alimente la consommation des hommes.

De valeur, parce que génératrice de matière.

Quesnay divisait les classes de la société de la manière suivante : « La nation est réduite à trois classes de citoyens : la classe productive, la classe des propriétaires et la classe stérile.

La classe productive est celle, qui fait renaître par

---

1. Voir Schelle. *Dupont de Nemours et l'école physiocratique*. Guillaumin, 1888.

De Loménie. *Les Mirabeau*. E. Dentu, 1879.

De Lavergne. *Les économistes français du XVIIIe siècle*. Guillaumin, 1870.

L igi Cossa. *Histoire des doctrines économiques*. Giard et Brière, 1899.

Collection des Economistes, tome 2. Volumes 1 et 2. *Les Physiocrates*.

Et généralement voir la bibliographie placée au début de la thèse.

la culture du territoire, les richesses annuelles de la nation, qui fait les avances des dépenses des travaux de l'Agriculture et qui paye annuellement les revenus des propriétaires des terres. On renferme dans la dépendance de cette classe, tous les travaux et toutes les dépenses qui s'y font, jusqu'à la vente des productions à la première main : c'est par cette vente qu'on connaît la valeur de la reproduction annuelle des richesses de la nation.

La classe des propriétaires comprend : le souverain, les possesseurs des terres et les décimateurs. Cette classe subsiste, par le revenu ou produit net de la culture qui lui est payé annuellement par la classe productive, après que celle-ci a prélevé sur la production qu'elle fait renaître annuellement, les richesses nécessaires pour se rembourser de ses avances annuelles et pour entretenir son fonds d'exploitation.

La classe stérile est formée de tous les citoyens occupés à d'autres services et à d'autres travaux que ceux de l'agriculture ; et dont les dépenses sont payées par la classe productive et par la classe des propriétaires qui eux-mêmes tirent leur revenu de la classe productive. » (Quesnay, *Analyse du tableau économique. Collection des économistes,* tome 2, page 58.)

De cette distinction, Le Trosne résumant les idées de l'école, conclura : « La terre est la source unique de tous les biens propres à la subsistance des hommes, et à remplir leurs divers besoins de nécessité, de commodité et de jouissance.

La terre étant le seul fonds productif, le travail de la culture est le seul travail productif.

Les travaux postérieurs à la culture sont très nécessaires, très utiles mais absolument stériles.

Il n'y a donc d'impôt régulier que celui qui est assis directement sur le *produit net* de la culture et exigé des propriétaires. Tout autre impôt est irrégulier, car il est hors de sa base naturelle. » (*De l'administration provinciale et de la forme de l'impôt.* Le Trosne).

Qu'est-ce donc que ce *produit net* dont l'expression revient si fréquemment sous la plume des physiocrates, et qui apparaît de suite comme un des points essentiels de leur système ?

Entre vingt définitions que nous pourrions trouver dans les ouvrages de notre école, citons celle que Dupont lui-même donne dans son ouvrage intitulé : *De l'origine et des progrès d'une science nouvelle.*

« Quand on a prélevé sur les récoltes les *reprises des cultivateurs*, ces sommes nécessaires pour faire les frais de la culture dans l'année suivante, et pour entretenir le fonds d'avances perpétuellement existantes en bestiaux, en instruments, etc..., ces sommes dont la nature exige et détermine impérieusement l'emploi annuel à l'exploitation de la terre, le reste se nomme : *le produit net.* »

Voilà la seule richesse disponible, la seule sur laquelle puisse être établi l'impôt, sous peine des plus graves mécomptes.

Puisque la terre seule donne un revenu et que les industries manufacturières n'y ajoutent rien, tous les impôts, sous quelque forme qu'ils soient établis, sont en définitive supportés par le propriétaire du sol. Directement ou indirectement toutes les taxes retombent sur la terre parce que la terre seule produit et peut payer. L'industrie manufacturière et le commerce ne sont en somme, que des dépenses nécessaires à la charge de l'agriculture qui les supporte pour écouler ses produits. Les droits fiscaux exigés du commerçant et de l'industriel, ne sont donc qu'une augmentation des frais imposés à l'agriculteur, et les industriels ou commerçants les recouvrent sur l'agriculteur en lui payant ses matières premières à un prix moins élevé, ou en lui vendant plus cher ses objets manufacturés.

Le marquis de Mirabeau dira dans son introduction au *Mémoire sur les états provinciaux*, page 72 : « L'impôt direct sur la glèbe est le plus utile à la glèbe, attendu que ni plus ni moins, elle supporte tous les autres, mais la différence est grande, de porter d'a plomb ou de côté (1). »

Quesnay dans son *Analyse du tableau économi*

---

1. Cité par L. BLANC *Révolution Française* Langlois et Leclercq, 1847, tome I, p. 544.

que disait : « Les propriétaires, le souverain et toute la nation ont un grand intérêt que l'impôt soit établi en entier sur le revenu des terres immédiatement ; car toute autre forme d'imposition serait contre l'ordre naturel, parce qu'elle serait préjudiciable à la reproduction et à l'impôt, et que l'impôt retomberait sur l'impôt même (1). »

Dupont de Nemours montrait sous le jour le plus noir, le tableau des résultats obtenus par les impôts indirects.

« Lorsqu'on veut prendre une route indirecte pour lever l'impôt, il n'en est pas moins payé en dernière analyse par le produit net des biens fonds, mais il l'est alors d'une manière extrêmement désastreuse et beaucoup plus onéreuse pour les propriétaires fonciers ; il gêne la liberté et restreint la propriété des citoyens ; il fait baisser le prix des productions à la vente de la première main ; il diminue la masse des produits et encore plus la somme des revenus du territoire ; il amène la misère et la dépopulation ; il ruine par degrés la culture, les cultivateurs, les propriétaires fonciers, la nation et le souverain.

Il est évident par là, que des impositions indirectes seraient entièrement contraires au but de l'impôt,

---

1. *Analyse du tableau économique. Collection des Économistes*, tome II, p. 61.

à celui de l'établissement de l'autorité souveraine et à celui de la société (1). »

La conclusion ? C'est qu'il est inutile d'établir un système compliqué d'impôts multiples ; mais bien préférable de se borner à un impôt unique sur le revenu territorial. On éviterait de cette manière, la multiplicité des régies financières, on réduirait les frais de perception et l'on diminuerait les gênes qui entravent la circulation des produits ; car l'impôt unique sur le revenu foncier étant une fois payé, la voie serait entièrement libre.

Et alors que nous avons vu Dupont, prédire les plus grands maux comme conséquences de l'impôt indirect nous le voyons au contraire vanter sans mesure les résultats merveilleux de l'impôt unique : « Par cette forme donc, le revenu public le plus grand possible et qui s'accroît tous les jours, est le plus profitable qu'il soit possible à tous les membres de la société et n'est onéreux à personne, ne coûte rien à personne, n'est payé par personne, ne retranche rien de la propriété de qui que ce soit. » (*Extrait de : De l'origine et des progrès d'une science nouvelle,* page 358) (2).

Dupont dit encore : « Impôts indirects, pauvre

---

1. *De l'origine et des progrès d'une science nouvelle* Collection des économistes, t. II, première partie, p. 354.
2. Voir *Collection des Économistes : Les Physiocrates.*

Cuny

paysan, pauvre paysan, pauvre royaume, pauvre royaume, pauvre souverain. » (1)

Telle est brièvement rappelée et par les physiocrates eux-mêmes, la théorie de l'impôt dans l'école des Economistes.

En 1765, Dupont collabore à la rédaction de la *Gazette du Commerce* qui soutient la nouvelle école; il donne à ce journal, entre autres articles, une *Lettre sur la différence qui se trouve entre la grande et la petite culture* (2). Et dans cette même année, il devient rédacteur en chef de cette *Gazette du Commerce*, qui paraît alors sous le titre de : *Journal de l'agriculture, du commerce et des finances*.

Le caractère indépendant de Dupont est de suite mis à l'épreuve; il se voit obligé d'accepter pour collaborateurs, des auteurs qui sont en parfaite contradiction avec ses propres théories économiques et qu'il souffre difficilement près de lui. Aussi le voyons nous dès l'année suivante, abandonner cette direction de la Gazette, pour conserver une liberté d'allure dont il ne pouvait se priver.

Mais il aime l'action, il tient à la lutte, et il offre à l'abbé Baudeau de nombreux articles que ce dernier

1. *Origines et progrès d'une Science nouvelle. Collection des principaux Économistes : Les Physiocrates*, 1846, p. 354.
2. Voir SCHELLE : *Du Pont de Nemours et l'école Physiocratique*. Paris, Alcan, 1888, liste des ouvrages de Du Pont de Nemours, p. 400 et s.

publie dans les *Ephémérides* qu'il vient de créer (1).

L'année 1767, voit paraître les deux ouvrages qui ont fait la réputation de Dupont. Le premier paru, est la *Physiocratie ou Constitution naturelle du gouvernement le plus avantageux au genre humain*. Pour la première fois on voyait apparaître ce mot de *Physiocratie*, c'était une création de Dupont qui le comprenait dans le sens de *gouvernement de la nature*. Cet ouvrage contenait les œuvres de Quesnay précédées d'un discours de Dupont dans lequel se trouvait exposée la partie philosophique de la théorie de l'école des économistes. Le deuxième ouvrage était un résumé du travail considérable de Mercier de la Rivière : *L'ordre naturel et essentiel des sociétés politiques*. Dupont considérait ce travail comme de première importance, mais il lui reprochait de n'avoir été écrit que pour une élite, et le comptait comme inutile au point de vue de la vulgarisation des idées économiques nouvelles. Il eut l'idée d'en condenser les principes essentiels dans un travail de moindre envergure et à la portée des intelligences moyennes. C'est de là qu'est née la petite brochure que Dupont intitula : *De l'origine et des progrès d'une science nouvelle*.

Nous avons dit que Dupont était devenu un des collaborateurs de l'abbé Baudeau aux *Ephémérides*,

1. SCHELLE. *Du Pont de Nemours et l'école Physiocratique*, p. 403.

très vite il devint le principal rédacteur, fournissan
un nombre considérable d'articles. Si bien que le jour
où Baudeau nommé prévôt mitré de Wintzynski dut
abandonner la direction du journal, Dupont fut tout
naturellement désigné pour occuper cet emploi. On
l'a beaucoup critiqué en tant que gérant du journal, et
l'on est allé jusqu'à affirmer qu'il fut la cause de la
disparition des *Ephémérides*. En réalité Dupont se
trouva seul ou à peu près, à soutenir le journal, obligé
à la fois, de jouer le rôle d'administrateur et de rédiger presque entièrement les numéros, il usa rapidement ses forces et n'arriva cependant qu'à de mauvais
résultats. Il n'aurait même certainement pas montré
autant de courage, si Turgot, qui s'intéressait vivement au journal, et à son administrateur, n'avait prodigué et ses conseils et son argent.

En novembre 1772, alors que Terray se trouvait
au pouvoir, les *Ephémérides* furent supprimées par
ordre. C'était une fin inespérée car sans cet événement
elles auraient dû disparaître d'elles-mêmes.

C'est à cette époque que Dupont quitta la France.

Il fut appelé tout d'abord auprès du Margrave de
Bade qui le chargea d'étudier les conditions de l'application des théories physiocratiques dans le margraviat.

Il y resta au plus deux ans, y fit des envieux, et se
retira pour passer en Pologne, où l'appelait un autre
prince physiocrate, le prince Czartoryski.

Mais il était à peine arrivé à Varsovie, lorsque Turgot lui apprit son entrée au ministère de la marine. Celui-ci qui tenait essentiellement à l'avoir comme collaborateur, dut insister longtemps avant d'obtenir le retour de Dupont. Ce dernier se croyait en effet obligé vis-à-vis du prince Czartoryski dont il avait accepté l'hospitalité et avec lequel il avait pris une sorte d'engagement. Ce ne fut qu'à l'époque où Turgot devint contrôleur général qu'il se décida à revenir en France, le ministre lui ayant procuré la somme nécessaire pour indemniser le prince.

Aussitôt, Turgot le nomma inspecteur général des manufactures. Il travailla étroitement avec son collaborateur, dans les réformes entreprises par lui et c'est à cette époque qu'il fournit son *Mémoire sur les municipalités* (1). Dupont y exposait la cause du malaise qui régnait alors sur le pays et qu'il prétendait être, l'excessive centralisation.

1. Si le *Mémoire des municipalités* n'est pas exclusivement l'œuvre de Dupont, puisqu'il n'était que le résultat de longues discussions qui eurent lieu entre lui et Turgot, il n'en est pas moins certain que la rédaction est tout entière de lui. Une lettre du premier ministre, datée de Versailles, en fait foi :
  Versailles, 11 septembre 1775.
  « J'ai reçu, mon cher Dupont, vos deux lettres et je suis fort aise de vous savoir content : comme nous n'avons de guerre, que la guerre sourde et continue avec les fripons, vous pouvez dormir et travailler à votre aise sur les municipalités. Si vous m'apportez de bonne besogne, vous aurez bien employé votre temps, pour vous et pour moi. »

Pour y remédier, il proposait d'étendre les attributions des municipalités et de les dégager dans une certaine mesure, de la tutelle du pouvoir central (1).

On sait que Turgot ne conserva guère que deux ans, ses fonctions de premier ministre, puisque le roi lui fit demander sa démission le 12 mai 1776.

Turgot disparaissant, Dupont ne pouvait plus rester au ministère ; il n'eut pas à le comprendre, on le lui signifia et assez durement en l'exilant à Chevannes, terre qu'il avait achetée vers 1772. Ce fut pour lui une époque de repos, travaillant à nouveau la médecine, s'occupant d'agriculture, et faisant même de la poésie à ses moments perdus. On a de lui, et remontant à cette époque, une traduction de l'Arioste.

Mais cet exil fut d'assez courte durée, et nous voyons Dupont devenir successivement le collaborateur des derniers ministres de Louis XVI.

---

1. Dupont disait au roi, avec un certain courage : « La cause du mal, sire, vient de ce que votre nation n'a pas de constitution ; c'est une société composée de différents ordres mal unis et d'un peuple dont tous les membres n'ont entre eux que très peu de liens sociaux ; où par conséquent, chacun n'est guère occupé que de son intérêt particulier exclusif, où presque personne ne s'embarrasse de remplir ses devoirs, ni de connaître ses rapports avec les autres ; de sorte que, dans cette guerre perpétuelle de prétentions et d'entreprises que la raison et les lumières réciproques n'ont jamais réglées, Votre Majesté est obligée de tout décider par elle-même ou par ses mandataires. »

Sous le ministère de Vergennes il s'occupe de politique extérieure et se montre très partisan de l'indépendance américaine. Il pousse Vergennes à soutenir les États-Unis, dans le but d'abaisser l'Angleterre et prend une part importante aux négociations qui précèdent le traité de Versailles.

Mais là où son influence devint prépondérante et où il vit triompher ses théories, ce fut dans la conclusion du traité de commerce passé entre la France et l'Angleterre. Il fallait que la réussite lui tînt bien au cœur, pour qu'il parvînt à la conclusion de ce traité. Entouré d'adversaires, n'étant secondé par personne, il rencontra à chaque pas de multiples obstacles, et lorsque son œuvre achevée il vint obtenir l'assentiment de l'opinion publique, il n'entendit de toutes parts, que reproches et désapprobations. Il semble bien cependant que ce traité offrait à la France de très grands avantages, mais les gros producteurs, partisans égoïstes du régime protecteur, pesaient de toute leur influence, pour obtenir de l'opinion une condamnation du traité du 26 septembre 1786.

Calonne sut également s'adresser à Dupont dans les moments critiques et c'est à lui qu'il demanda un plan de réformes à présenter aux notables. Dupont se donna tout entier à cette tâche et présenta à Calonne, un plan dans lequel il avait fait passer le plus clair de ses théories.

Il proposait « de détruire définitivement la corvée

en nature, de rétablir la liberté du commerce des grains, d'instituer dans tout le royaume des assemblées provinciales, cantonales et municipales, de réformer la taille et les vingtièmes, d'abolir les douanes intérieures, de remplacer les gabelles par un impôt territorial établi sur tous les propriétaires sans distinction d'ordres, de supprimer les aides, les droits sur les cuirs, sur les fers, sur les huiles et les savons, enfin d'abolir la loterie (1). »

Nous verrons que ce programme qui ne fut pas réalisé par les Notables, puisqu'il arriva devant cette Assemblée avec de multiples coupures opérées par Calonne lui-même, nous verrons que ce programme fut en grande partie adopté par la Constituante, grâce à Dupont qui le remit sur pieds.

Il est à remarquer cependant que Calonne ne chercha pas à ôter au travail son caractère d'œuvre physiocratique. On y rencontre en effet des passages dans ce genre-ci : « L'idée d'une imposition territoriale est la première qui se présente à la raison ; c'est celle qui se concilie le plus parfaitement avec la justice. C'est la terre qui produit ; ce sont ses productions qui sont protégées et garanties par le souverain ; c'est donc à la terre à payer l'impôt. »

Nous arrivons ainsi à la veille de la Révolution.

---

1. Schelle : *Dupont de Nemours et l'école physiocratique*, page 259.

L'amour du bien public, qui était le mobile de toutes les actions de Dupont, devait le pousser à se donner sans restriction à la lutte qui allait s'engager et que Dupont plus que tout autre prévoyait passionnée. Il avait assez vécu au milieu des gouvernants d'une part et des gouvernés d'autre part, pour pouvoir apprécier toute l'étendue qui séparait les conceptions des premiers et les réclamations des petits.

Il fut désigné, par les habitants de la paroisse de Chevannes, pour élire les députés aux États Généraux et pour exposer le programme des réformes demandées par les habitants du bailliage de Nemours. Ce fut lui à peu près seul qui rédigea les « Instructions que les propriétaires et habitants de la paroisse de Saint-Sulpice de Chevannes donnent à leurs députés, pour l'Assemblée baillivale convoquée à Nemours par M. le grand bailli d'épée de Nemours, à l'effet de rédiger les remontrances, moyens et avis du bailliage et de nommer les députés aux États Généraux, au désir des lettres de convocation données par Sa Majesté le 24 janvier 1789. » L'empreinte des idées physiocratiques s'y fait sentir à chaque article et il n'est pas besoin de la signature de Dupont à la fin de ces instructions, pour voir que l'auteur était pénétré des théories des économistes.

Nous n'en parlerons pas ici plus longuement, ayant l'intention de revenir à cet intéressant travail, dans la suite de notre étude.

A l'Assemblée baillivale de Nemours, Dupont fut élu député aux États Généraux, et cette fois encore il prit une part prépondérante dans la rédaction du cahier du tiers de ce bailliage.

Voici le résumé de son programme électoral :

« Avant tout une déclaration des droits qui donnât aux citoyens des garanties sérieuses pour le présent et pour l'avenir ; il demandait qu'on y insérât :

La liberté pour chacun de faire ce qui ne nuit pas aux autres, et comme conséquence :

La liberté du travail ;

La justice égale pour tous ;

Le respect de la propriété privée, même quand il s'agit d'un intérêt public ;

La limitation des impôts à ce qui est nécessaire pour assurer à la fois la défense de l'État, les frais de la justice, les dépenses de l'instruction publique, la construction des chemins, ponts, ports et forteresses, le soulagement des pauvres et le maintien de la dignité du roi.

Le vote des impôts par les États Généraux ;

L'égalité de tous devant l'impôt, en prenant pour assiette la propriété foncière : la suppression de tout privilège en ce qui concernait la taille ; la réforme des droits d'aides ; la suppression de la gabelle ;

L'abolition de la milice et le retour au recrutement volontaire ;

La liberté du commerce des grains ;

La rédaction d'un code civil et la revision des lois criminelles ;

La création d'une école dans chaque paroisse ;

La délibération commune entre les trois ordres (1). »

Dupont n'avait rien promis à ses électeurs de ce qu'il pensait ne pouvoir être immédiatement réalisable. C'est ainsi que se rendant compte des difficultés au milieu desquelles l'Assemblée allait avoir à travailler, il avait fait en partie abstraction de ses théories physiocratiques et avait renoncé à l'application immédiate de l'impôt unique.

A la Constituante, il ne recula devant aucune difficulté pour faire adopter ses plans et pour travailler au bien public. Ce qui caractérise sa conduite, c'est une extrême indépendance. Ne prenant conseil que de sa raison il n'hésitera jamais à parler en faveur de ce qu'il considère comme juste et utile. Economiste avant tout, il se fera applaudir aujourd'hui par la droite, demain par l'extrême gauche. Il sera le premier à proposer que la nation se déclare propriétaire des biens d'église, mais il sera le plus ardent parmi les défenseurs du clergé, quand il verra l'Assemblée prendre vis-à-vis de ce dernier, des mesures qu'il considère comme spoliatrices.

Il parla beaucoup à la Constituante, peut-être trop,

---

1. SCHELLE : *Dupont de Nemours et l'école physiocratique*, p. 279.

car il donna vite prise aux critiques. Il conserva cependant toujours l'estime des plus intègres et ne cessa jamais d'avoir sur l'Assemblée, une très grande autorité en matière économique ; on le savait extrêmement compétent et bien souvent ses collègues lui donnèrent des marques de l'estime et de la confiance dont ils l'entouraient.

Il suffirait de citer la séance du 27 juillet 1790 dans laquelle il donna sa démission de membre de cinq comités pour se consacrer aux réformes fiscales, décision qui lui valut les applaudissements unanimes de l'Assemblée.

Rappelons aussi la séance du 10 février 1791. Dupont avait été chargé par le comité de l'imposition de présenter un rapport sur les droits d'octroi. Il avait accepté la tâche, un peu à contre-cœur, mais estimant qu'il pouvait être utile à la nation en empêchant « quelqu'échappé de la régie générale » de saisir l'occasion « d'accabler sans mesure le commerce et de passer pour un grand financier, parce que son travail produirait beaucoup ». Il fut si éloquent et si persuasif, qu'il communiqua son émotion à ses collègues qui écartèrent sans la moindre discussion, le projet par lui présenté.

Nous venons de dire qu'il avait donné en une fois, sa démission de membre de cinq comités, voilà qui implique une grande confiance de la part de ceux qui le choisissaient, mais ce n'est là qu'une partie de ses titres, puisqu'il fut à la fois membre de douze comités : Agriculture et Commerce, Finances, Subsistances, Conférences, Comité ecclésiastique, Comité des dîmes, Comité des Douze, des Postes, des Messageries, du Bois, etc.

En dehors du rôle important qu'il joua en matière fiscale, et dont nous avons à nous occuper en détail, il prit une part active à la discussion sur les assignats dont il se déclara ennemi convaincu et acharné.

Il était un des rares députés connaissant les lois du crédit et à plusieurs reprises, dans des discours d'une clarté remarquable (1), il montra l'aberration dans laquelle on tombait, en s'imaginant que ces papiers qui ne représentaient aucune valeur, pouvaient aider à rétablir le crédit de l'État. Il traça le tableau des événements qui d'après lui devaient fatalement se produire et qui effectivement suivirent leur cours.

« Nous ne pouvons établir chez nous, une surabondance de deux espèces de numéraires ayant la même valeur, l'un réel, l'autre fictif, sans que l'espèce la plus précieuse, l'argent monnayé, ne passe à l'étran-

---

1. 15 avril 1790. *Opinion sur les assignats exposée à l'Assemblée nationale par M. Dupont, etc...* Baudouin, 1790.

25 septembre 1790. *Opinion de M. Dupont... sur le projet de créer pour 1900 millions d'assignats monnaie sans intérêt, exposée à l'Assemblée nationale* Baudouin, 1790.

ger jusqu'à ce que l'exagération de vos prix ait cessé..... Si l'imagination ne devait pas compliquer les faits, on pourrait nous dire, quel sera mois par mois l'avilissement graduel du papier et le renchérissement des prix qui en sera la conséquence, comme on calcule quand arrivera le trop plein d'un bassin d'après la hauteur du réservoir et le diamètre de l'ajustage. Mais l'imagination s'en mêlera ; il ne suffit pas que les assignats soient bons, il faut qu'on les croie tels ; lorsque la perte aura passé un certain terme, lorsqu'elle aura gêné les opérations commerciales et atteint les salaires, il deviendra impossible d'empêcher que la progression du discrédit des assignats ne soit pas aussi précipitée qu'effrayante et incalculable (1). »

Dans cette lutte contre les assignats, Dupont de Nemours avait à faire à très forte partie ; non pas que son adversaire fût plus compétent que lui en cette matière, bien au contraire, mais parce que cet adversaire avait une autorité sans égale sur la Constituante : c'était Mirabeau. Aux raisonnements serrés, aux arguments irréfutables de Dupont, Mirabeau répondait par un discours plein d'éloquence et d'erreurs économiques et restait maître de la situation (2).

1. 25 septembre 1790, *Archives Parlementaires*, tome XIX.
2. Séance du 27 septembre 1790, *Archives Parlementaires*, tome XIX.

Cette campagne menée par Dupont, ne fut pas sans péril. Dans la séance du 10 septembre 1790, Barnave fit connaître à l'Assemblée qu'un pamphlet intitulé : *Effets des assignats sur le prix du pain, par un ami du peuple*, avait été imprimé chez Baudouin et Barnave ajoutait : « Assurément voilà un fait certain, voilà une véritable motion incendiaire, voilà une dénonciation qui n'est pas dans les usages. »

Dupont monta à la tribune pour donner lecture de la brochure en question, puis il ajouta : « Je déclare que je suis le citoyen qui a fait cette brochure. Je n'ai pas voulu y mettre mon nom, parce que je craignais comme député de lui donner trop d'influence et j'ai mis le titre d'Ami du peuple parce que je me crois digne de le porter. »

Cette attitude très courageuse fut celle qu'adopta toujours Dupont dans les moments difficiles. Par deux fois il fut président de l'Assemblée et c'est alors qu'il compta le plus grand nombre d'ennemis. On chercha même à se débarrasser de lui. Le 2 septembre 1790, au sortir d'une séance, il fut assailli par une bande d'émeutiers qui cherchèrent à le précipiter dans la Seine. La garde nationale arriva à temps pour sauver Dupont de cette embûche.

Malgré cela, nous l'avons montré, Dupont jouissait aux yeux de ses collègues, d'une réputation fort juste, d'habile financier.

Si le rôle qu'il joua ne fut pas aussi brillant qu'il

aurait pu l'être, cela tient aux qualités mêmes de son caractère. Indépendance et franchise extrêmes qui sont ses titres de gloire, furent les causes certaines de ses insuccès. Il n'avait aucune des souplesses de l'homme politique, disant à chacun son fait, et ne cherchant jamais à se ménager par des concessions, l'appui de l'un ou de l'autre.

Dupont après la disparition de la Constituante ne quitta pas la scène politique ; pressentant le mal que pouvaient causer les théories sectaires des jacobins, il s'attaqua vivement à eux et créa même dans ce but, un journal hebdomadaire, portant le titre de *Correspondance patriotique entre les citoyens qui ont été membres de l'Assemblée Constituante* (1). Et c'était faire preuve d'un certain courage, que de s'attaquer à un parti qui chaque jour devenait plus puissant.

Il ne se contente pas d'écrire, il agit, et au 12 août on le voit parmi les défenseurs de Louis XVI, ce qui lui vaut cette parole de reconnaissance du monarque : « Ah! monsieur Dupont, on vous trouve toujours où l'on a besoin de vous. »

Mais les preuves répétées, de son attachement à la monarchie, furent contre lui une cause de suspicion et ce n'est que par suite d'un heureux concours de

---

1. *Correspondance patriotique entre les citoyens qui on été membres de l'Assemblée Nationale Constituante*, 8 volumes, du 9 octobre 1791 au 9 août 1793.

circonstances, qu'il échappa aux massacres du 2 septembre. Il se cache pendant quelque temps à l'Institut, est obligé de quitter cette première retraite et fuit dans sa terre de Chevannes où il oublie dans la solitude, les dangers qu'il vient de courir.

C'est alors qu'il écrit la *Philosophie de l'Univers*, ouvrage d'une portée scientifique toute relative, mais qui rend l'auteur extrèmement sympathique. L'ouvrage était à peine terminé, lorsque l'auteur fut découvert et enfermé à la Force, où il resta peu de temps du reste. Il en sortit sauvé par le 9 thermidor.

Les périls qu'il vient d'affronter ne le découragent pas, et nous le retrouvons au Conseil des Cinq Cents, où les électeurs du Loiret l'ont envoyé siéger. Il cherche toujours à y faire triompher les idées de son école dont il est le dernier représentant.

Il ne manqua pas d'une certaine influence dans ce Conseil des Cinq Cents où il se montra aussi indépendant qu'il l'avait été dans la Constituante. Il était soutenu par un journal d'une réelle valeur, *L'Historien* (1) que Dupont avait fondé lui-même en 1795 et dans lequel il avait pour collaborateurs, Morellet, Forbonnais, Lanjuinais, etc...

Il eut encore à prendre la parole au sujet des as-

---

1. *L'Historien* ; 17 volumes, Dupont imprimeur-libraire, rue de la Loi, n° 1232 (du 1er frimaire an IV, au coup d'Etat de fructidor.)

Cuny

signats, mais pour liquider la situation difficile dans laquelle les émissions de papiers avaient fait tomber les finances. On avait proposé les moyens les plus étranges, comme de percevoir les droits de douane en numéraire. Dupont montra l'absurdité d'un pareil système et il en profita pour affirmer, combien les droits de douane étaient nuisibles au pays.

« Les droits de douane sont essentiellement onéreux pour la nation qui les établit. Elle n'en peut jamais faire payer la moindre partie aux nations avec qui elle commerce. On n'achète jamais à l'étranger que les choses dont on a besoin, il est absurde de les renchérir pour soi-même. Si vous mettez sur la marchandise, un droit d'entrée dans votre pays, il faut que ce droit s'ajoute chez vous au prix de la marchandise. Il est donc entièrement à la charge de votre nation. Vous ne vendez de même à l'étranger que les denrées et les marchandises dont vous ne pouvez trouver chez vous un débit avantageux et que vous avez besoin d'envoyer au dehors pour l'intérêt de votre agriculture et de vos manufactures. Mais puisque vous avez besoin de les envoyer au dehors il est absurde de vous en interdire la vente. »

On voit par cette citation, que Dupont était resté fidèle aux théories physiocratiques qu'il défendit toujours avec la même conviction.

Il fut du petit nombre de ceux qui tentèrent de résister au coup d'Etat de Fructidor ce qui lui valut de figurer sur les listes de proscription. Il en fut rayé grâce à l'intervention de Mme de Staël. Mais il ne profita de sa liberté, que pour s'exiler volontairement aux États-Unis dont il était un admirateur. Il y fut bien accueilli et s'y occupa d'agriculture et d'enseignement. On le revoit en France vers 1812. Les cent jours le trouvent Conseiller d'État. Il sent qu'il ne pourra s'accommoder du régime impérial qui va triompher à nouveau, que s'il sacrifie son indépendance. Et c'est pourquoi il traverse une seconde fois l'océan et se retire dans la Delaware où il meurt le 7 août 1817 (1).

Nous allons étudier maintenant quel fut le rôle joué par Dupont de Nemours à l'Assemblée Constituante.

Nous chercherons d'abord dans quelle mesure, les théories physiocratiques avaient été adoptées par les cahiers des États Généraux de 1789, et nous indiquerons les conditions dans lesquelles Dupont entrait à la Constituante, étant donné son titre de physiocrate et les servives qu'il avait rendus.

Prenant ensuite les grandes discussions qui eurent lieu à l'Assemblée au sujet des impôts indirects, nous montrerons la position prise par notre auteur dans chacun de ces débats.

1. Pour la liste des œuvres de Dupont de Nemours, voir Schelle. *Dupont de Nemours et l'Ecole Physiocratique*.

Enfin nous parlerons très brièvement de l'impôt foncier, le seul impôt direct, au sujet duquel intervint Dupont de Nemours, intervention toute secondaire du reste.

Notre conclusion sera : que, si l'influence des théories physiocratiques en général, a été plutôt néfaste, Dupont ne peut en être rendu responsable, puisque, par son attitude désintéressée et prévoyante, il chercha souvent à faire résister l'Assemblée, contre les exigences illimitées des mécontents.

CHAPITRE PREMIER

I

LES CAHIERS DES TROIS ORDRES ET LES THÉORIES PHYSIOCRATIQUES

II

LA SITUATION DE DUPONT DE NEMOURS A L'ASSEMBLÉE CONSTITUANTE

I

Lorsque les États Généraux furent convoqués en 1789, bien des esprits se demandèrent si l'on ne devait pas guider le peuple dans la rédaction des cahiers; ce fut le calcul de bien des hommes influents qui espéraient profiter de l'indécision du plus grand nombre pour faire admettre leurs théories. Ils comprenaient que les électeurs des paroisses et ceux des bailliages, seraient souvent fort embarrassés pour rédiger leurs cahiers, si les articles à y introduire ne leur étaient pas indiqués d'avance. Ils s'occupèrent donc de dresser des modèles de cahiers. Les uns furent composés à Paris, les autres eurent pour auteurs des hommes de loi ou des propriétaires. La plupart furent imprimés et des quantités d'exemplaires furent adressés aux assemblées dont ils avaient pour but de faciliter les délibérations, mais un grand nombre, restèrent manuscrits et furent remis directement aux électeurs pour lesquels ils avaient été rédigés. Les titres de ces petits ouvrages en indiquent bien le but, citons : *Plan de finances pour les États Généraux. Cahier pour le rétablissement des finances en France. Aux États Généraux sur les réformes à faire. Observations au peuple français. Observations à MM. les électeurs de la ville et vicomté de Paris*, du baron de Cormeré.

Tout naturellement, c'est le parti réformateur qu cherchapar ce moyen, à répandre ses idées et à faire adopter ses revendications par les assemblées électorales, car lui seul avait de l'enthousiasme et croyait, avec une foi ardente, au succès des idées nouvelles.

Au contraire, les adversaires du mouvement libéral, privés de chefs, découragés par les concessions du gouvernement, et persuadés d'ailleurs que les abus devaient disparaître, furent incapables de rien faire pour enrayer ce mouvement et n'opposèrent aucun modèle de cahier à ceux mis en avant par les partisans des réformes.

Nous avons cité un certain nombre de ces modèles

à titre d'exemples. Mais il nous faut faire une mention spéciale, pour les instructions envoyées par M. le duc d'Orléans relatives aux États Généraux. Elles étaient censées écrites pour « les personnes chargées de sa procuration aux assemblées de bailliage » mais elles établissaient en réalité, un programme pour tous les électeurs de France.

On les répandit dans toutes les provinces et leur influence fut très considérable. Cependant les électeurs ne se firent les esclaves, ni de ces modèles de cahiers, ni de ces instructions; souvent ils y apportèrent de profondes modifications.

Quand ils s'y attachèrent littéralement, c'est qu'ils estimaient la rédaction absolument conforme à leurs idées et qu'ils ne pensaient pas pouvoir les reproduire avec plus de clarté. « Au milieu de cette diversité prodigieuse, il est certain que si les électeurs n'ont pas le mérite de l'invention, ils conservent la souveraine liberté du choix; chacun l'exerce au gré de ses préférences. Suivant les pays on remarque des courants distincts. Ici l'on adopte un type de prédilection, là on se prononce en faveur d'un autre (1). »

Trouve-t-on dans ces cahiers la marque des théories physiocratiques ? Et tout d'abord ces théories présentaient-elles pour les électeurs des idées de

---

1. Aimé Cherest. *La chute de l'ancien régime*. Paris, Hachette, 1884.

réformes s'harmonisant avec leurs aspirations et avec leurs besoins.

Nous croyons que les conclusions de l'école étaient loin de plaire à toutes les classes de la société. « De quel œil pouvaient-ils (les Physiocrates) être considérés lorsqu'ils proposaient d'établir un impôt unique sur les terres de cette noblesse qui a mieux aimé se faire couper la gorge que d'abandonner un seul de ses privilèges ? Quelles alarmes et quelles haines n'ont-ils pas inspirées à une industrie fondée sur les corporations, les règlements et les privilèges ? Quel accueil pouvaient faire les niveleurs, sectateurs de Rousseau à une science qui prenait son point de départ dans la nécessité de la propriété et de l'inégalité des conditions ? Et comment les gens, toujours nombreux, qui croient pouvoir enrichir l'État par du papier-monnaie « ou faire aller le commerce » par des dépenses de luxe, pouvaient-ils ne pas repousser ces analyses par lesquelles les physiocrates avaient montré les chimères des partisans du papier-monnaie et le caractère meurtrier des dépenses de luxe ? (1). »

Ajoutons, que parmi les propriétaires fonciers, nombreux étaient ceux qui comprenant mal les théories de Quesnay, voyaient avec effroi, la totalité de l'impôt retomber sur la terre, ne concevant pas

---

1. COURCELLE-SENEUIL: *Traité théorique et pratique d'économie politique*, 2ᵉ édition, tome I, page 483. Paris, Amyot, 1867.

comment l'industrie arriverait fatalement à payer cet impôt, par suite du relèvement du prix des denrées et ne croyaient pas les économistes qui leur prédisaient une situation supérieure à toutes les autres. Seul le fait brutal les frappait et les éloignait des théories nouvelles. C'est un peu ce qui explique le grand succès de la petite brochure satirique de Voltaire : *L'homme aux quarante écus*.

Enfin si la Bourgeoisie à la fin du xviii° siècle était devenue, en partie, propriétaire du sol, elle restait encore et surtout manufacturière, aussi appuya-t-elle vivement le livre de Galiani : *Dialogue sur le commerce des blés*, dans lequel l'auteur attaquait spirituellement la conception des sociétés purement agricoles.

Il semble donc, que pour bien des raisons, les théories économiques des physiocrates devaient être peu en faveur.

Nous croyons que s'il en fut ainsi pour les théories économiques en général, il en fut tout autrement pour les théories fiscales proprement dites.

Les impôts en effet, formaient un véritable fléau pour la masse du peuple sous l'ancien régime. Là surtout, régnaient l'inégalité, les abus ; là surtout une réforme était urgente.

Dans le système de l'époque, c'était le pauvre qui payait pour le riche et ce vice capital, se rencontrait, dans le système des impôts directs, comme dans celui des impôts indirects.

Dans les impôts directs, on trouvait la taille, qui ne frappait que les biens roturiers, dans les pays de taille réelle. Par suite, les nobles et les membres du clergé possédant des terres roturières, étaient soumis à la taille, pour cette partie de leurs biens.

Elle frappait les terres d'après leur valeur, valeur qui était constatée dans des *compoix* ou cadastres.

Dans les pays de taille personnelle, la taille frappait les roturiers d'après l'ensemble de leurs revenus, suivant les déclarations faites par les intéressés eux-mêmes.

Le principe de la taille, de la taille réelle du moins, n'était pas vicieux en lui-même, mais la manière de la percevoir, la rendait injuste.

Cet impôt était perçu dans chaque paroisse, par des collecteurs que désignaient à tour de rôle les intendants ou les élus (1) ; ils étaient pris parmi les

---

1. Chaque année, six mois à l'avance, le montant total de la taille pour l'ensemble des pays d'élection, était fixé par le roi en son conseil dans un *brevet général;* la répartition s'opérait à quatre degrés : 1º Un brevet particulier, arrêté également par le roi en son conseil, contenait la part de chaque généralité. 2º Dans chaque généralité, ce brevet était décomposé par le bureau des finances auquel se joignait l'intendant, on en tirait des commissions pour chaque élection. 3º Les élus et, dans la suite, le subdélégué déterminent la part de chaque paroisse (mandements). 4º Enfin dans les paroisses les

plus fort imposés et solidairement responsables de la rentrée des sommes qu'ils devaient lever. C'était pour les collecteurs, une grosse perte de temps et une source d'inquiétudes et de ruines quand ils ne pouvaient parvenir à faire rentrer l'impôt. Aussi frappaient-ils sans mesure, les plus solvables, à l'exception toutefois des collecteurs des années suivantes qui devaient à leur tour les ménager. De là des abus de toutes sortes.

rôles individuels sont dressés par les asséeurs et collecteurs, nommés par les habitants, procédé libéral peut-être mais qui amena les plus criantes injustices, si bien qu'on dut finalement faire opérer la répartition sous la direction de commissaires aux tailles nommés par les intendants. Les commissaires aux tailles se transportaient dans chaque paroisse, et là, en présence des collecteurs et des habitants, dressaient procès-verbal de la population et de l'état de la paroisse, y joignaient la déclaration générale des habitants sur les privilégiés et leurs biens, les déclarations particulières de chacun sur les biens fonds qu'il possédait ou cultivait, sur les revenus qu'il avait en fermage, loyers de maisons, rentes de toute espèce. Des mesures (d'une efficacité minime) furent prises afin d'assurer la sincérité des déclarations : doublement de la cote en cas d'inexactitude dans les déclarations, déclarations des autres habitants, si l'un d'eux refuse de faire connaître sa fortune, lecture des déclarations devant l'assemblée des habitants et, si elles ne s'appuient pas sur des pièces justificatives, on s'en tient plutôt à l'avis de la paroisse, arpentage général aux frais des intéressés si l'intendant soupçonne des fraudes. » Brissaud, tome 1er, p. 930 et s. *Cours d'histoire générale du droit français public et privé* .

La *capitation* établie en 1695 devait s'appliquer à toutes les classes de la nation, depuis le dauphin qui payait deux mille livres, jusqu'au malheureux imposé à une livre seulement. Mais cette base fut rapidement viciée. Le clergé dans les pays d'élection, se fit exempter de la capitation, les nobles et les gens en place arrivaient tous à faire diminuer leur quote-part ce qui augmentait d'autant le montant de ce qu'avait à supporter le pauvre.

Les *vingtièmes* composaient un véritable impôt sur le revenu.

En 1710, Desmarets s'inspirant de la dîme royale de Vauban, avait créé un impôt du dixième sur les revenus de toutes espèces. Noailles pour que cet impôt ne fît pas double emploi avec la taille, lui donna pour base les seuls revenus mobiliers. En 1725 les frères Pâris instituèrent pour douze ans, l'impôt du cinquantième de tous les revenus.

Ces vingtièmes furent souvent remaniés, parfois supprimés ; mais on vit aussi les vingtièmes s'ajouter aux vingtièmes, notamment lors des difficultés de la guerre de Sept ans.

Il en fut de cet impôt comme de ceux dont nous avons eu à parler déjà. Le clergé réussit à s'en affranchir et si la noblesse y resta soumise, ce fut dans une proportion bien inférieure à celle de ses revenus.

En somme tous ces impôts directs pesaient lourdement sur les petits et l'on peut dire que d'une façon générale, moins on possédait, plus on était taxé. C'est la situation inverse qui eût été selon la justice.

Les impôts indirects, aides, gabelles, traites ou droits de douane, octrois, etc..., étaient supportés par tous, mais leur taux était si élevé qu'ils devenaient ruineux pour le pauvre. Leur mode de perception était on ne peut plus vexatoire. La gabelle notamment, le plus important de tous était une cause de ruine et un encouragement à la contrebande par suite des gros bénéfices que rapportait le sel passé en fraude.

Et puis là encore, le clergé et les nobles avaient trouvé le moyen de se faire exempter de l'impôt, en jouissant du privilège de franc-salé ou exemption de la gabelle.

Mais nous aurons à revenir longuement sur cet impôt qui n'eut pas d'ennemi plus convaincu et plus acharné que Dupont de Nemours.

On comprend par suite, que l'école qui proposait la réforme de tous ces impôts, voire même la suppression d'une partie d'entre eux, devait avoir un grand succès, auprès des malheureux soumis à un régime fiscal entaché de si criantes inégalités. C'était répondre directement aux aspirations de la masse, que de proposer la création d'un impôt unique payable par tous sans exception, et destiné à remplacer les droits multiples qui sans cesse, arrêtaient la circulation des produits et entravaient l'exercice de la liberté individuelle.

Au reste, rien ne peut mieux indiquer l'état d'esprit qui régnait dans le pays à cette époque, comme l'étude des cahiers élaborés par les représentants des trois ordres, lors de la réunion des États Généraux.

Tout d'abord, nombreux sont les cahiers qui posent pour principe que tous les impôts établis depuis 1614 pouvant être regardés comme illégaux par le défaut de consentement de la nation, seront abolis. « Cependant, le maintien de la chose publique exigeant un revenu actuel » ils seront « confirmés provisoirement par Sa Majesté, sur le vœu des États Généraux » (*Daurdan, tiers état*, 5 ; *id., unanimité des trois ordres*).

Les impôts à supprimer sont de diverses natures, d'abord on doit anéantir jusqu'au nom des impôts distinctifs d'ordres : taille, corvée, etc... Et il est à remarquer que les privilégiés tout comme les autres, se montrent de cet avis (*Guyenne, noblesse*, 20 ; *Caux, noblesse*, 12 ; *Bazas, noblesse*, 7 ; *Orléans, noblesse* ; *Auxerre, tiers*, etc.). A leur place on établira un seul impôt portant sur toutes les propriétés foncières du royaume (*Quercy, noblesse*, 8).

En résumé, unanimité des trois ordres, ou à peu de chose près, pour la suppression des impôts directs actuellement existants.

Mais il y a une entente presque aussi complète, pour la suppression des impôts indirects.

Les impôts perçus sur les objets de consommation, et dont les plus pesants sont ceux qui frappent les boissons et le sel, connus sous le nom d'aides et de gabelle, doivent être supprimés, c'est le vœu de la grande majorité des cahiers. Certains ne font aucune réserve (*clergé du Bourbonnais ; tiers état d'Anjou, 10 ; tiers état du Haut Vivarais ; noblesse de Bar ; noblesse de Bazas*). Quelques-uns se bornent à réclamer leur adoucissement. « Le droit d'Aydes, nous dit le tiers état de Mantes, a été la source de tant de vexations, et d'injustices criantes, il s'est étendu dans une proportion si effrayante, que son nom seul est devenu un cri d'alarme pour l'habitant des villes et des campagnes ; il est d'ailleurs frappé de deux vices intolérables : 1° Il est inintelligible, inconnu dans ses détails, au point qu'il exige une langue à part ; 2° Il est accompagné de visites et d'une inquisition qui blessent la liberté civile, et qui, s'il était possible, tendraient à compromettre la personne auguste et sacrée au nom de laquelle il est perçu. »

Pour la gabelle comme pour les aides, le vœu du plus grand nombre est de la voir disparaître ; ceux qui ne vont pas jusque-là, demandent au moins que l'on cherche à remédier aux graves inconvénients de cet impôt. (*Noblesse de Beauvais,* 17 *id., unanimité*).

Le cahier du Maine stigmatise avec énergie, cet impôt détesté. « Au nom de Gabelle, s'élève un cri général : ce régime désastreux est jugé. Mais il reste à le proscrire à jamais. Il est urgent que cette proscription soit effectuée, nulle loi, nul frein, ne pourront arrêter le brigandage, les rapines *des employés et des contrebandiers;* religion, moralité, tout est détruit au milieu d'une armée composée du rebut de la société. A sa suite, plus qu'à celle d'une horde de sauvages, se voient la dévastation des campagnes, la violation de l'asile des citoyens, les vols, les empoisonnements, les meurtres. Hommes et bestiaux, tout devient la victime de cette affreuse invention ; avec l'abolition totale et du nom et de la loi, les hommes recouvreront une denrée de première nécessité, les bestiaux un remède salutaire. »

Que pense-t-on des droits de contrôle ? Certains en demandent la suppression ; c'est cependant assez rare, mais tous en veulent la réduction, car ils sont devenus, par l'extension fiscale qu'on leur a donnée, une véritable inquisition pour les familles.

L'impôt des tabacs lui-même, qui cependant ne frappe pas un objet de première nécessité et qui semblerait devoir échapper aux violentes critiques, est également attaqué et mis parfois au rang de la gabelle : « Que d'autres ressources et d'heureuses économies le remplacent ; que la libre culture de cette plante dans toutes les provinces, amène une augmentation dans les productions de la terre ! Puisse l'anéantissement de ces deux impôts, fléau de l'humanité, être pour leurs malheureuses victimes, le signal de la liberté. » (*Tiers de Poitiers*).

Les octrois seuls, trouvent quelques ménagements ; mais on comprend de suite qu'il y a là une question d'intérêt local. Les octrois forment le plus clair revenu des villes. Où ces dernières prendront-elles leur argent si cet impôt disparaît ? La seule transformation que l'on voulait apporter à leur régime prouve justement cette exclusive préoccupation des intérêts particuliers ; nombreux en effet étaient les cahiers qui refusaient au roi le droit de percevoir une partie des octrois à son profit.

Mais les droits de marque des fers, les droits sur les huiles et les savons doivent disparaître en tant que portant atteinte à l'agriculture et à l'industrie nationale.

Le clergé de Melun, dit du droit sur les cuirs : « qu'il a entraîné depuis vingt ans, la décadence d'une fabrication déjà pénible et malsaine par elle-même, et dont l'objet cependant est de seconde nécessité, pour les laboureurs, les artisans et les pauvres ; les frais de perception montent à plus de 35 0/0 d'où il résulte que les cuirs, en diminuant de quantité ont augmenté de valeur, ce qui a donné la prépondérance aux fabrications étrangères. »

On peut se rendre compte par le rapide aperçu

Cuny

qui précède, du changement radical que les électeurs réclamaient des députés aux États Généraux dans l'organisation des impôts.

Suppression de tous les impôts directs. Tailles, capitation, vingtièmes et si le bouleversement complet des impôts indirects n'est pas impérieusement réclamé, c'est que la plupart croyaient ne pas pouvoir l'obtenir.

Telle est la partie des cahiers des États Généraux, que nous pourrions appeler la partie négative. Nous allons voir maintenant quels étaient les projets de reconstitution du régime fiscal.

En réalité on songeait beaucoup plus à supprimer qu'à rétablir et les indications des cahiers à ce dernier point de vue, restent souvent imprécises. La plupart n'indiquent les qualités qu'ils réclament des nouveaux impôts que pour montrer avec plus d'insistance qu'ils refusent leur approbation au système en vigueur. Et cependant il y a bien des idées qui sont communes à la majorité des cahiers, sans qu'il y ait eu consultation préalable entre ceux qui étaient chargés de leur rédaction.

C'est ainsi que le principe d'égalité est unanimement réclamé. « Les propriétaires et habitants de la paroisse de Chevannes pensent qu'il est de l'équité du roi, et de la sagesse des États Généraux d'établir une entière égalité et uniformité dans la contribution, puisque le privilège de la noblesse à cet égard a cessé d'être fondé en titre, depuis qu'elle ne fait plus à ses frais le service militaire... Ils espèrent que les ordres réunis ne s'opposeront pas à cette égalité qui devient, dit-on, le vœu général des princes, des pairs, des gentilshommes les plus distingués, des magistrats et des prélats. Il leur paraît que ce sera en même temps un honneur pour les deux premiers ordres, et une justice pour tout le monde ; que c'est un devoir à tous ceux que la nation protège, de contribuer suivant leur fortune, aux frais de cette protection et que l'on ne pourra jamais regarder comme un avilissement de se montrer noble et généreux. » « Instructions que les propriétaires et habitants de la paroisse de Saint-Sulpice de Chevannes donnent à leurs députés pour l'Assemblée Baillivale, convoquée à Nemours, par M. le Grand Bailli d'épée de Nemours, à l'effet de rédiger les remontrances, moyens et avis du bailliage et de nommer les députés aux États Généraux au désir des lettres de convocation données par Sa Majesté le 24 janvier 1789 (1). »

Nous avons choisi à dessein cette citation que nous empruntons aux instructions de la paroisse de Chevannes, instructions qui ont été rédigées par Dupont de Nemours lui-même. Mais l'idée que nous venons d'y trouver exprimée, était commune à la plupart

---

1. *Archives parlementaires*, 1re série, tome 4, 2e édition, 1879.

des cahiers et elle était si généralement admise que le roi dans ses déclarations du 23 septembre 1789 déclare que son intention est de réaliser cette première réforme : *Déclarations du roi concernant la présente tenue des États Généraux.* Article 9 : « Lorsque les dispositions formelles annoncées par le clergé et la noblesse, de renoncer à leurs privilèges pécuniaires, auront été réalisées par leurs délibérations, l'intention du roi est de les sanctionner, et qu'il n'existe plus dans le paiement des contributions pécuniaires, aucune espèce de privilèges ou de distinctions (1). »

La proportionnalité de l'impôt semble aussi une des demandes les plus généralement faites. Et nous citerons à nouveau les remontrances de la paroisse de Chevannes. « Les impositions doivent porter dans une juste proportion et sans exemption quelconque, sur tous ceux qui ont des propriétés à conserver et relativement à chacune d'elles, en raison des revenus qu'elle produit. » (*Article 1ᵉʳ Instructions de la paroisse de Chevannes*).

L'impôt unique qui a des partisans convaincus, n'a pas l'assentiment de tous, mais ce qui prouve qu'il est longuement discuté et avec opiniâtreté, c'est que là où les cahiers le repoussent, c'est avec une extrême violence.

Mais il n'en reste pas moins, que les impôts directs,

---

1. *Recueil de Duvergier.*

sont de beaucoup préférés. Le bailliage de Nemours dit : « Il faut éviter la ressource insidieuse des impositions indirectes ; il faut la repousser comme le plus grand des maux. Elle a toujours les suites les plus affligeantes ; ce n'est que par elle qu'on peut parvenir à ruiner les nations. En demandant qu'on fonde le revenu public sur des impositions directes, le tiers état n'entend pas que, surtout dans la situation actuelle des finances, et des richesses, ces impositions ne portent que sur les propriétaires des terres. Il croit qu'elles doivent frapper, dans la même proportion sur les capitalistes..... La propriété des rentes n'est pas plus sacrée que celle des terres ; elles sont l'une et l'autre sous la garantie de la nation. La nation a le droit, et dans la position donnée, elle a le devoir, de faire contribuer avec une entière égalité, tous les revenus que l'on peut connaître, mais toujours par une forme claire et *directe* qui exclut l'inquisition, les vexations, toute atteinte à la liberté domiciliaire, à la liberté du commerce, à la liberté du travail. L'imposition directe est celle qui fait le plus de bruit et qui choque davantage. C'est pour cela même qu'elle est moins à craindre et plus conforme à la liberté. Elle avertit de sa présence, elle éveille la réclamation, et celle-ci lorsqu'elle est fondée, se fait toujours écouter du plus au moins, par un gouvernement qui n'est ni insensé ni cruel. »

On trouve des opinions opposées, toutefois assez

rares, bien que fournissant en faveur des impositions indirectes, des arguments de tout premier ordre. Mais elles n'éveillèrent aucun écho, et nous verrons avec quelle persistance et avec quel ensemble, la Constituante s'attaqua aux impôts indirects les uns après les autres.

Etant connues les manifestations de l'opinon publique en matière d'impôt, par l'analyse succincte des cahiers des Etats Généraux, pouvons-nous dire qu'il s'y trouve trace de l'influence des théories physiocratiques ? Très certainement ! Et ce qui le prouve bien, nous le faisions remarquer tout à l'heure, et cela peut s'appliquer à bien d'autres points des théories physiocratiques, c'est que, lorsqu'une réforme préconisée par les économistes est repoussée par les cahiers, ils la discutent toujours très sérieusement et souvent la prennent violemment à partie. Comment refuser de voir l'influence de notre école, lorsque nous trouvons employées à chaque instant, les expressions favorites, « impôt unique », « revenu net », etc.

Mais ce qui nous permet surtout de soutenir notre opinion, c'est que, dans les résultats qui seront obtenus par ces mêmes cahiers, dans l'emploi que feront les députés de ces principes posés par leurs électeurs, dont ils auraient reçu un mandat impératif, nous reconnaîtrons, en matière fiscale tout au moins, l'influence manifeste de l'école physiocratique.

Aussi croyons-nous pouvoir répondre à l'opinion

d'un auteur que nous avons eu déjà l'occasion de citer (1) : que si les physiocrates ont pu s'attirer de nombreux ennemis dans plusieurs classes de la société, il n'en reste pas moins qu'ils avaient en 1789 une influence incontestable au point de vue fiscal, sur la partie maîtresse de l'opinion publique. Et nous invoquerons pour appuyer notre thèse, l'autorité d'un homme qui posséda une situation en vue à la Constituante et qui était bien à même de connaître la situation dont nous nous occupons : Rabaut Saint-Etienne a pu dire des physiocrates : « Une école, ou dirai-je, une secte ? qui invoquait toujours les oracles de son maître, occupa quelque temps les esprits. On a reproché aux Economistes un langage mystique, peu convenable aux oracles simples et clairs de la vérité. On a cru qu'ils ne s'entendaient pas eux-mêmes, puisqu'ils ne savaient pas se faire entendre, mais nous devons à leur vertueuse opiniâtreté, d'avoir amené les Français à réfléchir sur la science du gouvernement. C'est à leur constance à nous occuper longtemps des mêmes objets, que nous devons la publication de ces idées si simples qu'elles sont devenues vulgaires : que la liberté de l'industrie en fait seule la prospérité ; que les talents ne doivent être soumis à aucune entrave ; que la liberté de l'expor-

---

1. Courcelle-Seneuil. *Traité théorique et pratique d'économie politique*. 2me édition, tome 1er.

tation des grains est la source de leur abondance ; qu'on ne doit pas jeter l'impôt sur les avances de l'agriculteur, mais sur ce qui lui reste après qu'il en a été remboursé. Sans doute on avait dit toutes ces choses avant eux ; mais ils les ont redites et répétées et ce n'est qu'ainsi que se forment les opinions ; mais le gouvernement qui feignait de les ignorer, se conduisait par des maximes contraires ; et il était vertueux d'éclairer, d'animer ses concitoyens (1). »

II

Nous venons de voir que les idées physiocratiques semblaient devoir être en partie appliquées par les députés élus aux États Généraux. Mais encore fallait-il pour cela, que des voix autorisées vinssent prendre la défense de ces idées pour les faire définitivement adopter. Un nom dominait tous les autres, porté par un homme absolument convaincu de l'excellence de ses idées, qui avait tout fait jusqu'alors et qui devait longtemps encore combattre pour elles. Nous avons indiqué Dupont de Nemours. A ses côtés, nous voyons Heurtaut de Lamerville et aussi La Rochefoucauld, le président du comité des finances. Mais

---

1. Œuvres de Rabaut Saint-Etienne. *Précis de l'Histoire de la Révolution Française.* Tome 1er. Paris, Laisné, 1826.

c'était à Dupont que revenait le devoir d'exposer et de faire appliquer les théories physiocratiques.

Dupont arrivait aux États Généraux, déjà bien connu de la plupart de ses collègues, tant par ses écrits, que par les services qu'il avait rendus précédemment. Il était entouré du prestige que lui donnait l'amitié de l'ancien ministre Turgot et il était, à ce titre, considéré comme un des hommes capables de contribuer aux plus utiles réformes.

Mais d'autre part il avait trop été enchaîné au sort de l'école pour ne pas avoir à supporter les attaques auxquelles cette dernière était en but et qui provenait tant du fond même de ses théories, non pas fiscales, mais politiques, que du ridicule dont elle avait été couverte par des ennemis puissants et spirituels. *L'homme aux quarante écus* avait eu un très grand succès, et les *Dialogues sur le commerce des grains*, qui étaient une critique plus spirituelle que profonde, avaient cependant porté atteinte au prestige des économistes.

Mais il y avait plus et parmi ceux-là même qui subissaient incontestablement l'influence de l'école, on en pouvait voir beaucoup, l'attaquer violemment et renier un semblable patronage. Il ne faut pas oublier en effet que les influences agissant sur les États Généraux étaient multiples et que les partisans des théories de Montesquieu et de Rousseau devaient se trouver fréquemment en opposition d'idées avec les économistes. Ces derniers, tout en se montrant partisans des réformes n'auraient pas été ennemis du régime existant alors, et concevaient la possibilité de les réaliser à l'aide de la royauté. « La pensée de confier l'exécution de leurs plans à la nation devenue sa maîtresse, leur agrée fort peu, car comment faire adopter et suivre par tout un peuple, un système de réformes si vaste et si étroitement lié dans ses parties ? Il leur semble plus facile et plus opportun de faire servir à leurs desseins l'administration royale elle-même. Ce pouvoir nouveau n'est pas sorti des institutions du moyen âge ; il n'en porte point l'empreinte, au milieu de ses erreurs ils démèlent en lui certains bons penchants. Comme eux il a un goût naturel pour l'égalité des conditions et pour l'uniformité des règles ; autant qu'eux-mêmes il hait au fond du cœur tous les anciens pouvoirs qui sont nés de la féodalité ou qui tendent vers l'aristocratie. On chercherait en vain, dans le reste de l'Europe, une machine de gouvernement aussi bien montée, aussi grande et aussi forte. La rencontre d'un tel gouvernement parmi nous, leur semble une circonstance singulièrement heureuse... « La situation « de la France, dit Le Trosne, est infiniment meil- « leure que celle de l'Angleterre ; car ici on peut « accomplir des réformes qui changent tout l'état du « pays en un moment, tandis que chez les Anglais « de telles réformes peuvent toujours être entravées

« par les partis. » Il ne s'agit donc pas de détruire ce pouvoir absolu, mais de le convertir (1).

Voilà qui n'était pas fait pour plaire aux partis extrêmes, faibles encore, mais entreprenants, et qui ne pouvaient concevoir les réformes sans un bouleversement du régime présent.

Dupont de Nemours sent bien cette situation qui est faite aux Économistes, situation bizarre puisqu'ils se voient attaqués par des hommes qui sont imbus de leurs principes et qui travaillent dans le même sens qu'eux, et c'est ce que reconnaît Dupont dans un passage de sa correspondance avec Jean-Baptiste Say : « Dans votre inconcevable animosité contre les Économistes, vous dites que l'Assemblée Constituante avait les oreilles rebattues de leurs principes, et qu'elle poussa trop loin les impositions directes (à moi la tape, et à moi seul, car j'étais alors le seul économiste de l'Assemblée et il ne restait en France que Morellet, Abeille et moi). Vous ne savez pas qu'à l'Assemblée Constituante, dès qu'il était question de commerce ou de finances, on commençait toujours par quelques violentes invectives contre les Économistes. Il est vrai qu'elle finissait ordinairement par prononcer le décret conformément à ces principes. Je suis obligé d'en rendre hommage à la

---

1. DE TOCQUEVILLE. *L'ancien régime et la Révolution*, pages 238 et s. Calman-Lévy, 6me édition, 1877.

raison publique, car je ne peux pas me dissimuler que j'ai plus de raison que de talent, que je n'ai aucun talent pour les mauvaises causes, et beaucoup moins que je ne voudrais pour défendre les bonnes. Je n'ai point rebattu : j'ai combattu ; c'était mon devoir (1). »

On voit que Dupont ne devait pas compter outre mesure sur son titre de physiocrate pour obtenir de faire rentrer les constituants dans ses vues. Mais il rachetait cela pour ainsi dire, par le souvenir que l'on avait conservé, des services rendus et par sa haute compétence en matière financière, qui devait en imposer même à ses adversaires les plus tenaces. Il eut cependant contre lui, et souvent, l'orateur le plus puissant et le plus écouté de la Constituante : Mirabeau. Il pouvait dans une pareille lutte risquer de perdre tout son prestige ; mais outre que Dupont ne savait pas s'arrêter à ces questions d'intérêt personnel, quand il croyait l'intérêt public en jeu, il avait pour lui la science des finances que ne possédait pas Mirabeau, ce qui lui permettait de triompher moins bruyamment peut-être, mais avec plus de sûreté. Il en fut ainsi, notamment, lors de la discussion sur la Caisse d'Escompte. Les plans de Necker furent atta-

---

1. *Lettre de Dupont de Nemours à J.-B. Say. Collection des principaux économistes.* 1er volume consacré aux Physiocrates, p. 410.

qués avec passion par Mirabeau et défendus avec talent par Dupont de Nemours. La situation brillante occupée par Mirabeau, à l'Assemblée, fut toujours fausse, car sa conduite dépendait tout autant de ses besoins personnels que de ses vues politiques. Il est donc probable que Mirabeau avait eu des difficultés avec la Caisse d'Escompte. Il est cependant incontestable qu'elle a rendu à l'Assemblée Constituante les plus grands services, de 1789 à 1791 et qu'elle a été ruinée par la Convention. Ce fut Dupont de Nemours qui soutint la Caisse d'Escompte. Ces deux hommes qui appartenaient au même milieu social, ne partageaient cependant pas les mêmes principes. Ils n'envisageaient et surtout ne pratiquaient pas la politique de la même manière, car Dupont y apportait avant tout la sincérité d'un esprit loyal et scientifique. Ils ont représenté à l'Assemblée les deux côtés du mouvement social du XVIIIe siècle : Dupont de Nemours, la réforme par la science pour arriver à l'amélioration de la condition du peuple ; Mirabeau, la révolution par la violence pour la substitution d'intérêts nouveaux aux intérêts anciens. Dupont de Nemours expliqua les services que la Caisse d'Escompte, œuvre de Turgot, avait rendus et ceux qu'elle pouvait rendre par l'augmentation de son capital et de la circulation.

L'Assemblée donna raison à Dupont dans cette discussion.

Cette lutte de Dupont contre Mirabeau, montre bien l'indépendance de caractère de notre auteur ; indépendance qui fut la caractéristique de sa manière d'agir à l'Assemblée.

En effet, si l'on peut dire de Dupont qu'il était de tous les constituants, le plus disposé à soulager les petits, on peut ajouter aussi qu'il était celui qui cherchait le moins à s'attirer les louanges de l'opinion publique. C'est pourquoi il devint rapidement impopulaire. Sentant plus qu'aucun autre, combien est grave et périlleuse la situation financière, il insiste pour que l'on tienne la main au paiement des impôts et à plusieurs reprises, demande à l'Assemblée de prononcer des décrets en ce sens.

Lorsqu'il apprend les désordres qui ont accompagné la prise de la Bastille, il se joint à Lally-Tollendal qui propose à ses collègues d'adresser une proclamation au peuple contre de pareils excès.

Quelques jours plus tard, il demande : « Qu'on avertisse le peuple que tous ceux qui fomenteront des troubles ou y participeront, seront traités comme des rebelles (1). »

Il cherchait également à retenir l'Assemblée sur la pente des excès, surtout lorsqu'il la sentait prête à céder aux exigences du peuple de plus en plus impérieux. Pendant la nuit du 4 août, alors que chaque député n'a qu'un but, renchérir sur l'orateur précé-

1. *Archives parlementaires*, t. VIII, p. 376.

dent pour précipiter la chute des institutions vieillies et détestées, et, plus encore, pour en retirer une plus grande popularité ; alors qu'on ne songe même pas à prescrire les mesures de prudence qui permettront d'arrêter l'anarchie, résultat inévitable d'une pareille hécatombe, Dupont seul conserve son sang-froid. « Un désordre universel s'est emparé de l'État à raison de l'inaction de tous les agents du pouvoir ; aucune société politique ne peut exister un seul moment sans lois et sans tribunaux pour garantir la liberté, la sûreté des personnes et la conservation des propriétés. J'insiste sur la nécessité de maintenir et de ne pas abandonner les lois qui ont pour objet la conservation de l'ordre général. »

En conséquence Dupont faisait la motion suivante :

« Déclarer : que tout citoyen est obligé d'obéir aux lois, en respectant la liberté, la sureté et la propriété des autres citoyens ; que les tribunaux doivent agir sans cesse pour l'exécution de ces lois ; et qu'il est enjoint par elles, comme par le vœu des représentants de la nation, aux milices bourgeoises et à tous les corps militaires, de prêter main-forte pour le rétablissement de l'ordre et de la paix, et pour la protection des personnes et des biens, toutes les fois qu'ils en seront requis par les municipalités et les magistrats civils (1). »

1. *Archives parlementaires*, t. VIII. Séances des 4, 6, 7, 8 et 11 août.

De tout ce qui précède, il ressort que Dupont de Nemours se fit très vite, sinon des ennemis irréconciliables, du moins des adversaires dangereux, parmi ceux qui ne pouvaient accepter ses manières de voir, et craignaient d'être compromis par l'indépendance de son caractère, et la franchise de sa parole.

Nous allons voir maintenant qu'il sut cependant en imposer à tous et que sa compétence en matière d'impôts, lui valut la confiance et les remerciements de l'Assemblée.

CHAPITRE II

LES PROJETS DE RÉFORMES DE DUPONT DE NEMOURS

C'est à Dupont de Nemours lui-même que nous allons demander le plan de notre étude. Dans une lettre de lui adressée à Jean-Baptiste Say, alors qu'il s'exilait à nouveau et volontairement, au moment du retour de Napoléon en France, nous trouvons un résumé de l'influence que notre auteur reconnaît avoir exercée sur la Constituante. Il n'y parle que des impôts indirects, de leur suppression, et s'il n'y fait pas mention des impôts directs, c'est que, croyons-nous, il considère que de ce côté son influence a été minime. Et de fait, il est rare de lui voir prendre part aux discussions qui précédèrent le vote de la grande loi du 1ᵉʳ décembre 1790 sur la contribution foncière, aussi bien que dans les autres discussions relatives aux patentes et à l'impôt mobilier.

Voici le passage de la lettre à Jean-Baptiste Say qui nous intéresse :

« A bord du Fingal le 22 avril 1815, 41° de latitude, 43° de longitude. « J'ai engagé l'Assemblée Constituante à réformer la gabelle, les aides, la marque des fers et celle des cuirs qui avait détruit nos tanneries, les droits sur les papiers et cartons, qui avaient nui à nos fabrications, enfin les droits d'entrée des villes et des bourgs et le monopole du tabac. Laquelle regrettez-vous de ces sales guenilles ? Par quelle autre de semblable étoffe trouveriez-vous bon de les suppléer ?

Par rapport à la marque des cuirs, je soupçonne qu'on va vouloir la rétablir, on l'a déjà tenté il y a dix ou douze ans ; je charge Mme Dupont de vous envoyer le rapport que je fis à ce sujet en 1788, vous y verrez avec quel soin, quel scrupule travaillaient ces économistes conseillers d'Etat du roi Louis XVI et depuis du roi Louis XVIII qui régnerait encore s'il n'avait voulu être que Louis Stanislas, et s'il n'avait pas eu la faiblesse de conserver vos chers et abominables droits réunis. Vous y verrez quelle conscience nous apportions à l'examen des questions qui nous étaient soumises. Si nous n'avons été que de pauvres bons citoyens, Dieu veuille vous accorder beaucoup de collègues semblables, dans le service des gouvernements auxquels vous serez attaché. »

« Quant aux octrois ou droits d'entrée dans les villes je vous dirai une anecdote : les vieillards aiment à raconter.

Ces droits entraient pour quatre millions dans les revenus de l'ancien gouvernement, qui les avait étendus jusqu'aux bourgs et aux gros villages, d'après notre principe, de confondre l'impôt avec la jouissance ou la consommation. Le comité des contributions ne voulait pas renoncer à une branche des finances que l'on regardait comme *si productive*. Je m'étais fortement opposé à la proposition. L'Assemblée Constituante avait cru tout arranger en décrétant : 1° qu'il y aurait des droits d'entrée dans toutes les villes closes ; 2° que Dupont de Nemours en rédigerait le projet, puisque y trouvant beaucoup de difficultés il mettrait plus de soin qu'un autre à les lever.

Il était dans mon caractère de refuser net cette mission ; mais je songeais qu'à mon refus quelque échappé de la régie générale saisirait cette occasion d'accabler sans mesure le commerce, et de passer pour un grand financier, parce que son travail *produirait beaucoup*.

Je me mis donc à l'ouvrage. Je fis rentrer dans mon plan tout ce que je pus y mettre de précautions pour qu'il fût moins vexatoire ; et le jour où il fallait présenter mon rapport à la tribune j'y improvisais une préface où j'exposais avec bonheur : 1° l'injustice d'imposer sur des marchandises de même nature, dont la qualité plus ou moins précieuse, ne pouvait être distinguée ; des taxes qui seraient légères sur la consommation du riche (laquelle est toujours dans les meilleures qualités), pesante sur celle du pauvre qui ne pouvait atteindre qu'aux qualités inférieures; 2° l'injustice non moins grande, de faire payer la même taxe aux productions nées à peu de frais sur un terrain favorable, et à celles qui, nées sur un terrain ingrat, avaient occasionné de fortes dépenses, d'où résulterait l'abandon de leur culture ; 3° j'appuyais sur les bornes invincibles des moyens de payer, tellement que dans l'impossibilité de faire dépenser à aucun homme, un seul écu de plus qu'il n'a, le consommateur n'a d'autre ressource que de consommer moins. J'ajoutais que l'opération serait désagréable à nos commettants d'un bout de la France à l'autre ; que partout on avait brisé les barrières des villes, et je finis en déplorant mon sort d'avoir été forcé par le décret impérieux de l'Assemblée, de prodiguer mon temps et mes efforts contre mon opinion formelle et déclarée, pour une opération contraire à mes principes, à mes lumières, à mon devoir, au nôtre, Messieurs.... Mes derniers mots furent : je vous ai donné plus que ma vie !

J'étais vivement ému, je versais de grosses larmes ; mon émotion gagna mes collègues de tous les partis. Presque unanimement ils me défendirent de lire le projet et abandonnèrent leur entreprise. — Jugez de ma joie ! Si j'ai eu des peines de toutes les couleurs et de toutes les intensités, elles ont été compensées par des plaisirs de toutes les espèces et de tous les degrés. J'en ai vécu... J'en vis encore, Say, au milieu des tempêtes, du mal de mer, de la fuite si odieuse à mon courage, de l'exil si pénible pour mon cœur, les yeux ruisselants d'avoir laissé, et d'avoir laissé malade, la meilleure et l'une des plus nobles femmes que Dieu ait créées, mais espérant de la rejoindre, et en sa douce compagnie, quelquefois avec ses conseils, de parvenir à rendre les travaux qui me restent à faire plus utiles au monde que ceux qui m'ont tant occupé.

J'ai donc repoussé, et, sur mes rapports, l'Assemblée Constituante a repoussé presque tous les impôts qui auraient gêné, vexé, tourmenté le travail... Est-ce de cela que vous me blâmez, mon ami ?

J'ai conservé l'enregistrement parce qu'il donne aux actes une date authentique et que pour son paiement c'est le contribuable qui va chercher le percepteur et non le percepteur qui poursuit le contribuable.

J'ai conservé les postes, parce que si leur service coûte au delà de ses frais, son utilité pour le commerce, et les consolations qu'il procure à l'amitié sont si précieuses qu'il n'est personne qui ne les payât volontiers vingt fois plus cher si la poste n'existait pas.

J'ai résisté et je m'opposerai toujours à la vente des forêts parce qu'elles ne sont pas un impôt ; parce qu'elles sont une propriété publique qui ne demande rien à aucune propriété privée ; parce qu'elles entrent essentiellement dans une constitution domaniale de finances et qu'elles doivent partout en former le premier chapitre.

Les constitutions domaniales de finances ; soit à partage de terres, tel que celui des forêts ; soit à partage de revenus, tel qu'il faut s'y déterminer quand les forêts n'y suffisent pas, ont sur tous les autres moyens de pourvoir aux besoins des sociétés politiques, deux autres avantages qu'on ne peut trop estimer : le premier de ne mettre aucune division d'intérêts entre le gouvernement et la nation, d'y mettre au contraire une union intime, le second de ne donner ni lieu ni motif à la corruption vénale (1). »

Dupont, dans ce passage, nous montre rapidement quelle fut son œuvre à la Constituante en matière d'impôts. Il nous reste à reprendre chacune de ces réformes et à voir : comment, d'une part, notre auteur les avait conçues, comment, d'autre part, la Constituante les a réalisées.

La grande préoccupation de Dupont fut, dès le début, la solution de la grosse question des finances.

---

1. *Collection des principaux économistes.* Volumes consacrés aux Physiocrates, première partie, p. 411 et s.

Pour lui tous les autres problèmes devaient y être subordonnés et il ne cessa pas de demander à l'Assemblée « l'établissement d'un programme de finances, pour pourvoir au remplacement des branches de revenu dont la perception a été suspendue ou qu'il convient de supprimer (1). »

Pour lui, la condition de la solidité, de l'existence même de tout gouvernement, réside dans la bonne gestion de finances prospères, et il revient souvent sur cette idée, que bien des fautes sont pardonnées aux gouvernements alors qu'ils tombent presque tous après avoir été aux prises avec la banqueroute, résultat fatal du désordre dans les finances. Aussi, dès le 24 septembre 1789, au sujet de l'imposition du quart du revenu, croit-il devoir exposer à l'Assemblée, ses vues sur les finances et tracer un plan de réformes devant conduire à l'établissement d'une situation prospère. Ce discours publié par ordre de l'Assemblée fut imprimé en 1789 chez Baudouin imprimeur de l'Assemblée Nationale. Dupont lui a donné le titre de *Discours sur l'état et les ressources des finances*.

L'étude de ce discours nous éclairera sur les véritables projets de Dupont de Nemours.

Necker qui cherche à combler le déficit, vient de proposer l'établissement d'un impôt sur le quart du

---

1. *Archives parlementaires*, première série, t. XI, p. 450.

revenu. Dupont montre que cette ressource serait totalement insuffisante. Pour lui le revenu brut de la terre est au plus de quatre milliards dont il faut soustraire pour les frais, au moins deux milliards cinq cent millions. « Ces quinze cent millions se partagent entre le Roi ou plutôt le Trésor public, les décimateurs qui ont jusqu'à présent levé la portion de l'impôt destinée au service divin, et les propriétaires des terres, ainsi que les entrepreneurs des autres travaux productifs, souterrains, ou maritimes (1). » Il n'y a donc que sept à huit cent millions de revenu qui restent entre les mains des propriétaires, et dit-il « je croirais exagérer beaucoup si j'accordais que dans les revenus libres, il y en ait trois cent millions qui appartinssent à des propriétaires assez riches pour en payer le quart.

Cette imposition, d'après l'hypothèse la plus favorable, ne présenterait donc qu'une ressource de soixante quinze millions ; et le premier ministre des finances ayant exposé qu'elle ne serait perçue qu'en deux années, elle ne donnerait donc pas plus de quarante millions pour l'année 1790 (2). »

Et sur cette somme Dupont croit devoir encore

1. *Discours prononcé à l'Assemblée Nationale par M. Dupont, sur l'État et les ressources des finances. Imprimé par ordre de l'Assemblée.* Baudouin imprimeur de l'Assemblée Nationale, 1789, page 10.

2. *Idem*, page 11.

faire des restrictions, car si « l'enthousiasme suffit pour voter, il n'y a que la richesse qui puisse payer, et la richesse suffisante pour payer le quart de ses revenus ne me paraît pas exister à présent chez la plupart de nos riches (1). »

Mais alors, où trouver les ressources capables de subvenir aux besoins annuels et de combler le déficit ? Il y a tout d'abord la perception de la dîme qui aux yeux de Dupont doit être rachetée et non pas abolie et puis il y a surtout les biens de l'église. Dupont, le premier, en réclame la prise de possession par l'État, sauf du reste à en indemniser le clergé.

Mais nous passons rapidement sur cette partie du discours qui nous occupera plus loin, en signalant au passage, qu'il repousse absolument l'idée de l'émission d'un papier-monnaie et en indiquant que les capitaux libres auront d'avantageux emplois, dans l'acquisition des biens du clergé, dans le rachat des dîmes, et enfin dans un emprunt public constamment ouvert.

Dupont résume ainsi, les divers moyens qu'il voudrait voir employer, pour fournir à l'État, des ressources suffisantes. « Permettez-moi, Messieurs, d'arrêter un moment pour jeter un coup d'œil sur la situation où cette suite d'opérations, dignes, par leur enchaînement, leur masse et leur étendue, de la pre-

---

1. *Idem*, page 14.

mière nation de l'Europe, aura mis les finances à la fin de 1790.

Vous avez augmenté les revenus :

1° De 48 millions de rente sur les biens du clergé ;

2° De 3 millions sur les droits de traite en levant les barrières intérieures, portant à la frontière un tarif raisonnable, suppléant aux prohibitions, qui ne servent qu'à exciter la contrebande, des droits modérés et proportionnés à ce que celle-ci coûte, assurant leur perception par une régie moins imparfaite que ne l'est aujourd'hui celle de la ferme générale, établissant la liberté du transit et celle de l'entrepôt, sous des formes à la fois avantageuses au commerce, et utiles aux finances.

3° Selon la proposition du premier ministre des finances, de 15 millions de rente, par l'augmentation de l'imposition territoriale, dans laquelle néanmoins, le peuple se trouvera soulagé puisque la portion de cette imposition à supporter par la noblesse doit dépasser cette somme (1). »

Puis par suite des économies, de l'extinction des anticipations, du remboursement des rentes viagères et de la disparition des anciennes pensions, le revenu donnera un total de cent quatre-vingt-neu millions.

Que faire alors de cette masse de revenus ?

1. *Idem*, pages 105 et 106.

Dupont consacre soixante millions à couvrir le déficit et neuf millions pour le supplément d'intérêts à payer aux officiers actuels des cours et des autres tribunaux supprimés.

Puis : « Je vous demande vingt millions pour remplacer dans le revenu public la partie de la Gabelle qui doit être supprimée sans indemnité, de la part des contribuables... Je vous demande dix millions pour supprimer la Loterie Royale, le plus honteux, le plus immoral, le plus séducteur, le plus ruineux pour les familles, de tous les impôts existants ; et celui qu'il est le plus impossible à des législateurs, honnêtes gens, de laisser subsister... Je vous demande cinq millions pour supprimer le droit de la marque des cuirs, qui, après la loterie est un des plus odieux impôts, et parmi les impôts inquisitoriaux, celui qui entraîne les injustices les plus criantes et les vexations les plus cruelles : droit qui a réduit nos tanneries à moitié, et sur lequel j'aurai aussi un travail étendu et irrésistible à vous mettre sous les yeux.

Je vous demande dix millions pour la suppression des autres droits inquisitoriaux :

Celui sur les poudres et les amidons, qui pour sept cent mille francs de produit a détruit une fabrique autrefois florissante, à force de tourmenter les citoyens qui s'y livraient.

Celui sur les cartes, qui a pareillement détruit une

branche étendue du commerce que nous faisions autrefois à l'étranger.

Celui sur les papiers et cartons, très nuisible à notre commerce d'imprimerie et qui est cause que les libraires nationaux trouvent de l'avantage en beaucoup d'occasions à employer les presses étrangères, et que la belle édition de Voltaire, s'est faite en Allemagne.

Celui sur les huiles et les savons, qui arrête la culture des colzas, et des autres plantes ou fruits propres à produire de l'huile, et qui nous réduit à ne pouvoir fabriquer de savon qu'à Marseille.

Celui de la marque des fers, à la fabrication et au passage d'une province à l'autre.

La portion de la marque d'or et d'argent qui donne un revenu, ferme des débouchés utiles à l'industrie de nos artistes, et excède les frais nécessaires pour constater légalement le titre des métaux (1). »

Il supprime, la caisse de Poissy et les droits d'inspecteurs aux boucheries, d'inspecteurs aux boissons, etc.

« Je vous demanderai encore dix millions pour compenser à l'État la perte des sols pour livres des droits d'aides sur les boissons, lorsqu'on supprimera cette imposition, et qu'on en abonnera seulement le principal. Car il faut que les provinces soient soula-

---

1. *Idem*, pages 109 et suivantes.

gées, non seulement des frais de perception, mais aussi des sols pour livre et que l'abonnement qui doit leur épargner les visites et les vexations, puisse être réduit à moitié de la contribution actuelle.

Je ne vous demanderai rien pour le tabac, nous ne sommes pas encore assez riches... »

Enfin l'orateur propose la formation d'un fonds de vingt-cinq millions pour l'amortissement en temps de paix, et un fonds de dix millions pour les travaux publics. Ces deux fonds réunis en temps de guerre, donneraient un fonds de guerre de trente-cinq millions :

Un fonds de six millions pour l'encouragement de l'agriculture ;

Un fonds de dix millions pour les dépenses imprévues ;

Et il termine ainsi : « Vous êtes au 1er janvier 1791, Messieurs, vous avez supprimé le déficit, vous avez remboursé la magistrature, vous avez augmenté de cinq millions les fonds de l'éducation publique ; vous avez soulagé le peuple de cinquante-cinq millions des impositions les plus odieuses, et de plus de trente-cinq millions de frais de perception, de frais de procédure, de frais de vexations qu'elles entraînaient avec elles ; vous avez assuré pour six millions d'encouragements à l'agriculture et au commerce ; vous avez établi un fonds d'amortissement de vingt-cinq millions ; vous avez mis dix millions en réserve pour les cas fortuits ; vous avez préparé un fonds de guerre de quarante-huit millions, destiné à s'accroître tous les ans; et sur les cent quatre-vingt-neuf millions de revenu que vous avez créé ou libéré, il vous en reste encore vingt-quatre dont vous n'avez pas fait l'emploi. C'est à peu près le huitième de l'imposition directe, personnelle ou foncière (1). »

Nous avons tenu à donner un résumé fidèle et quelque peu détaillé, de ce très important discours. Nous avons insisté surtout sur la seconde partie qui contient les projets de Dupont en matière d'impôts. Ce discours était tout un programme : prévoyant pour le temps présent, les réformes urgentes à réaliser et indiquant celles qui devaient venir plus tard et qui devaient donner à la France, en même temps qu'une base solide au crédit, un système d'impôt équitable.

Nous verrons que ce ne fut pas la seule tentative faite par Dupont pour obtenir de l'Assemblée Constituante qu'elle se traçât à elle-même, un plan de réforme des Finances qui eût permis de mieux étudier et de mieux coordonner les remèdes à apporter à la situation unanimement déplorée. Mais l'Assemblée était peu disposée à écouter les demandes de Dupont de Nemours, car, outre qu'elle entendait subordonner tout à l'élaboration de la Constitution, elle restait très optimiste, absolument confiante dans

---

1. *Idem*, page 125.

les rapports qui lui étaient présentés par ceux de ses membres qu'elle avait spécialement chargés de l'étude des finances du royaume. C'est ainsi que le marquis de Montesquiou qui avait reçu mission du comité des Finances, de faire un rapport sur le projet de Necker, après avoir conclu en faveur de l'adoption de ce projet, terminait ainsi : « Alors plus d'alarmes possibles, alors on pourrait défier, même le créancier le plus ombrageux, de concevoir la moindre inquiétude. »

L'Assemblée vota l'impression du discours de Dupont de Nemours du 24 septembre 1789, mais pour n'en tenir aucun compte puisque quelques jours plus tard et après une intervention de Mirabeau, exactement le 6 octobre 1789, le projet de Necker était adopté.

Mais il ne devait pas en être toujours ainsi, et lorsqu'au mois de mars 1790, l'Assemblée devint hostile à Necker, Dupont de Nemours lui-même, fut chargé de présenter à l'Assemblée au nom du comité des Finances, un projet de réformes fiscales que l'Assemblée adopta sans aucune transformation.

Le 6 mars 1790, en effet, Necker présentait à la Constituante un mémoire dans lequel il exposait la situation des finances ; il était obligé de s'y montrer bien moins optimiste qu'il ne l'avait été quelques mois plus tôt, car il se voyait incapable de réaliser les promesses faites, et ce n'était pas sans peine, qu'il cherchait à montrer, qu'avec des économies, on parviendrait, peut-être, à obtenir la balance entre les dépenses et les recettes, à la fin de l'année 1791.

Il terminait son rapport, sur des considérations très vagues par lesquelles il déconcerta l'Assemblée.

« Vous pensez bien, Messieurs, qu'en présentant aussi rapidement quelques observations sur les impôts de la France, je n'imagine pas que vous puissiez en tirer aucune lumière nouvelle, je n'ai d'autre vue en cet instant, que de calmer les inquiétudes des créanciers de l'Etat sur la diminution des revenus publics, en montrant, d'une manière abrégée, que ces défiances sont exagérées et que l'Assemblée Nationale pour les faire cesser, n'aura pas à lutter contre de trop grandes difficultés (1). »

Le mécontentement fut général et le prestige de Necker en fut gravement atteint. Ceux qui avaient été ses plus chaleureux partisans, l'abandonnèrent et chacun renchérit sur son incapacité. Le comité des finances, chargea tout d'abord le même marquis de Montesquiou, dont nous avons eu à parler déjà, de répondre à Necker, mais cette fois, avec la mission d'attaquer le ministre et de n'accepter aucune de ses propositions. Montesquiou toujours aussi optimiste, fournit à la Chambre les chiffres, sinon les plus exacts, du moins les plus rassurants. La Cham-

---

1. *Archives parlementaires*. 1re série. Tome 12. Séance du 6 mars 1790, page 57.

bre se laissa tromper, émit un vote qui ne laissait aucun doute sur ses intentions et qui condamnait nettement le ministre.

C'est alors que le comité des finances qui s'était toujours montré très dévoué à Necker et favorable à tous ses projets crut pouvoir s'attirer la confiance dont son chef avait joui jusqu'alors et dans ce but présenta à l'Assemblée un projet de modifications profondes à faire subir au système d'impôts.

CHAPITRE III

LES IMPOTS INDIRECTS

La Gabelle, les droits de marque des cuirs, de marque des fers, de fabrication sur les amidons et de transport des huiles et savons.

Ce fut Dupont que l'on désigna pour présenter les vues du comité. Il s'agissait de supprimer les cinq taxes indirectes les plus impopulaires, et de les remplacer par des contributions qui auraient l'avantage d'être plus légères pour le contribuable, établies avec équité et calculées de manière à obtenir dans l'exercice de 1790, un équilibre parfait entre les dépenses et les recettes. Nul homme n'était mieux indiqué que Dupont pour fournir un pareil travail. Il avait étudié à fond toutes ces questions d'impôts et s'était toujours montré adversaire déclaré de ces impôts indirects souverainement détestés des physiocrates, considérés par eux comme un véritable fléau.

Mais ouvrons ici une parenthèse. Le principal impôt auquel Dupont allait avoir à s'attaquer, était certainement l'impôt le plus impopulaire de tous : la Gabelle. Il nous semble utile de rappeler ce qu'était cet impôt, de montrer les raisons pour lesquelles il était écrasant et vexatoire pour le contribuable.

La Gabelle ou impôt sur le sel était déjà perçue par les seigneurs, puis elle fut transformée en impôt royal en 1355.

Le sel était transporté par les propriétaires des salines, dans des greniers qui se trouvaient sous la surveillance des agents royaux. Des grenetiers venaient alors l'acheter à ces propriétaires qui le vendaient suivant un certain tarif. Alors seulement, le sel pouvait être vendu à un prix variant avec la concurrence, mais toujours à un prix élevé puisque le marchand devait en plus de son bénéfice, faire payer aux acheteurs, le prix du tarif.

L'impôt se percevait, par la vente du sel au *prix du roi*, prix de beaucoup plus élevé que le prix des marchands ; et pour obliger le contribuable à payer l'impôt, on le soumettait à l'obligation du *sel du devoir*. Ce sel du devoir était la quantité de sel que l'on supposait nécessaire à une famille pour sa consommation.

Les prix du sel étaient extrêmement variables par suite des divisions en : provinces de grande gabelle, petite gabelle, quart-bouillon, salines rédimées et franches. Dans un pays de grande gabelle (Bourgogne), on le trouve à 58 livres le quintal; dans le Maconnais, pays de petite gabelle, il est à 28 livres, dans les pays rédimés, 9 livres, dans les pays de quart-bouillon, 16 livres.

Cet impôt était critiquable aussi bien au point de vue théorique, qu'au point de vue pratique.

En théorie d'abord. C'était l'impôt le plus inégal, le moins proportionnel peut-être, de tous les impôts de l'ancien régime.

Le plus inégal, puisque, nous venons de le voir, le prix du sel variait suivant les pays. Bien plus il y avait des personnes qui en étaient exemptes, grâce au privilège de *franc-salé*.

Le moins proportionnel, car il était d'autant plus lourd qu'on en consommait davantage, et qu'il était par conséquent un impôt frappant surtout les familles nombreuses. Dupont de Nemours dira dans son rapport du 11 mars 1790 : « Un des principaux inconvénients de la gabelle était précisément de ne présenter en résultat qu'une capitation relative au nombre des têtes, et non pas aux fortunes ; qui ne retombait sur les propriétaires et sur les riches, qu'après un grand nombre de cascades et dont l'avance était faite par les pauvres familles en raison inverse de leurs facultés, c'est-à-dire en raison directe de leurs besoins, ou du nombre d'enfants dont elles étaient chargées (1). »

La gabelle était donc insoutenable en théorie.

Mais de plus elle avait des conséquences pratiques déplorables, étant un agent de démoralisation, une cause de misère du peuple. Son prix fort élevé, excitait à la contrebande très lucrative, et malgré les peines terribles édictées contre les contrebandiers on trouvait de véritables bandes de faux sauniers. Pour éviter la fraude, le fisc était obligé de recourir à une surveillance de tous les instants et ne reculait pas devant les procédés inquisitoriaux. Ses agents inspectaient les caves, vérifiaient la saumure, goûtaient la salière. Les innombrables procès dressés à propos de fautes insignifiantes, devenaient la ruine des populations. « Un nombre de millions qu'on ne peut pas calculer avec exactitude mais qui ne saurait être que considérable et qui étaient absorbés par les vexations, les frais de justice et les accommodements publics ou clandestins qu'entraînait le régime de la gabelle. On a connaissance de quatre mille procès, par année, relativement aux gabelles ; et de ces quatre mille procès, quatre cents finissaient par condamner aux galères ou au bannissement les prévenus de contrebande. Il est difficile de ne pas croire

---

1. *Archives parlementaires.* 1ʳᵃ série, tome XII, séance du 11 mars 1790.

que ces procès devaient coûter au moins cinquante
écus, l'un dans l'autre, car s'il y en avait qui eus-
sent peu de suite, il y en avait aussi qui condui-
saient l'accusé en prison, c'est-à-dire dans le plus
dur et le plus vilain des séjours, d'où ils ne sortaient
que chargés d'une sentence elle-même coûteuse, et
portant condamnation à cent écus d'amende. Et l'on
doit remarquer que ce grand nombre de procès publics supposait un nombre plus grand de collusions,
d'accommodements particuliers parfaitement incon-
nus, aux fermiers généraux eux-mêmes, mais dont
la dépense était à la charge du peuple, ainsi que
le temps perdu et les dérangements dans les familles, dans les travaux, dans le commerce, qu'occa-
sionnaient les visites domiciliaires et celles des voitures sur les chemins. On doit donc juger que les
gabelles coûtaient aux contribuables des provinces
qui y étaient soumises et à celles qui payaient des
droits de traite sur le sel, plus de quatre-vingt millions (1). »

Cet impôt était, on le voit, absolument condamné,
et unanimement, les cahiers des États Généraux qui
le considéraient comme une véritable calamité, en
avaient demandé la suppression. « Au nom de Gabelle, s'élève un cri général ; ce régime désastreux

---

1. *Archives parlementaires.* 1ʳᵉ série, tome XII, séance du 11 mars 1790.

est jugé. Mais il reste à le proscrire à jamais. Il est urgent que cette proscription soit effectuée ; nulle loi, nul frein ne pourront arrêter le brigandage, les rapines des *employés* et des *contrebandiers* (1). » C'était ainsi que s'exprimait le tiers du Maine, qui, on le voit, était aussi sévère pour les agents du fisc, que pour les fraudeurs.

Mais l'autorité royale elle-même avait compris ce que cet impôt avait d'odieux, et dans la Déclaration du Roi, du 23 juin 1789 concernant la tenue des États Généraux, on trouve à l'article 26 : « Sa Majesté désire que les fâcheux effets de l'impôt sur le sel, et l'importance de ce revenu soient discutés soigneusement et que dans toutes les suppositions on propose au moins des moyens d'en adoucir la perception (2). »

On en arriva même à plaindre sinon à excuser les galériens condamnés pour faux-saunage, et l'on entendra en pleine Assemblée un député prendre leur défense. « Après avoir détruit un impôt aussi funeste que la gabelle, laisserez-vous un pareil bienfait incomplet, en ne rappelant pas dans un nombre infini de familles désolées, des époux, des pères, des enfants, enfin ce qu'elles ont de plus cher et de plus nécessaire à leur existence ? Lorsque vous avez aboli le privilège exclusif de la chasse, votre humanité

---

1. Déjà cité, page 26.
2. *Recueil de Duvergier.*

vous a porté à faire sortir des galères ceux qui avaient été condamnés pour faits de chasse, à faire cesser toute procédure et à annuler tous les décrets et jugements rendus à cet égard. Pourquoi les malheureux coupables de simple faux-saunage, qui ne sont prévenus ni de meurtre ni de vol, ni d'aucun autre crime, gémiraient-ils éternellement dans les prisons? Ils n'ont été souvent privés de la liberté, que parce qu'ils ne pouvaient payer l'amende à laquelle ils auraient été seulement condamnés s'ils avaient été présumés en état d'y satisfaire; car c'est ainsi que les fermiers généraux et leurs tribunaux mettaient à prix la liberté et souvent la vie des citoyens « *De l'argent ou aux galères* ». C'est la seule consolante réponse que l'on faisait aux malheureux, qui imploraient leur clémence. J'en parle de science certaine, cette réponse m'ayant été faite plusieurs fois lorsque j'ai réclamé en faveur des pères de famille que la misère avait engagés à faire la contrebande du sel (1). »

La Constituante, dès les premiers mois de sa réunion, tenant compte des attaques qui avaient été dirigées contre la gabelle, crut devoir atténuer les inconvénients de ce fâcheux impôt.

Il faut lire le texte des décrets qu'elle promulgua, pour se rendre compte du degré d'asservissement auquel on avait amené le contribuable.

1. *Archives parlementaires*, 1re série. Tome XII, séance du 21 mars 1790. Marquis de Lanscosme.

« 23-27 septembre et 3 novembre 1789. Décret concernant la perception des impôts et la réduction du prix du sel.

L'Assemblée nationale prenant en considération les circonstances publiques relatives à la gabelle, et aux autres impôts, et les propositions du roi énoncées dans le discours du premier ministre des finances du 27 août dernier, considérant que, par son décret du 17 juin dernier elle a maintenu la perception dans la forme ordinaire, de toutes les impositions qui existent, jusqu'au jour de la séparation de l'Assemblée, ou jusqu'à ce qu'il ait été autrement pourvu ; considérant que l'exécution de ce décret importe essentiellement au maintien de l'ordre public et à la facilité des engagements que la nation a pris sous sa sauvegarde ; voulant néanmoins venir autant qu'il est en elle au secours des contribuables, en adoucissant dès à présent le régime des gabelles, elle a décrété et décrète ce qui suit :

Article premier...

Art. 2. — La gabelle sera supprimée aussitôt que le remplacement en aura été concerté et assuré avec les assemblées de provinces.

Art. 3. — Provisoirement et à compter du 1er octobre prochain, le sel ne sera plus payé que 36 livres par quintal, etc...

Art. 4...

Art. 5. — Les règlements qui dans les mêmes provinces ont soumis les contribuables imposés à plus de 3 livres de taille ou de capitation, à lever annuellement dans les greniers de leur ressort une quantité déterminée de sel et qui leur ont défendu de faire de grosses salaisons sans déclaration, n'auront plus lieu, également à compter du 1ᵉʳ janvier prochain.

Art. 6. — Tout habitant de provinces de grande gabelle jouira, comme il en est usé dans celles des petites gabelles et dans celle des gabelles locales, de la liberté des approvisionnements du sel nécessaire à sa consommation dans tel grenier ou magasin de sa province qu'il voudra choisir.

Art. 7. — Tout habitant pourra appliquer à tel emploi que bon lui semblera, soit de menues, soit de grosses salaisons, le sel qu'il aura ainsi levé ; il pourra même, faire à son choix des levées, soit au grenier, soit chez les regratiers ; il se conformera pour le transport aux dispositions du règlement, qui ont été suivies jusqu'à présent... (1). »

Tel était l'impôt auquel Dupont allait avoir à s'attaquer. Il n'avait du reste pas grand effort à fournir pour précipiter sa chute, puisque tout le monde se trouvait d'accord pour dire qu'il était depuis longtemps jugé et condamné. Mais il y avait une autre face du problème. Dupont, persuadé que les finances avaient bien plus besoin d'être renforcées que d'être

---

1. *Recueil de Duvergier.*

affaiblies, tenait absolument à remplacer la Gabelle, pour éviter une perte sèche au Trésor. Il fallait donc faire admettre à la Constituante la création de nouveaux impôts et c'était la difficulté. Comment sa soif de popularité, s'accommoderait-elle d'une semblable proposition ?

Nous allons voir que si elle accorda de suite son vote sur la question de la suppression de la Gabelle, il fallut bien du temps avant que l'on s'entendît sur la manière dont elle devait être remplacée.

Ce fut le 11 mars 1790, que Dupont de Nemours présenta son rapport à l'Assemblée. Il est le développement de deux idées, à savoir : Premièrement qu'il existe des impôts exécrés de tous, dont la disparition est réclamée par tous et qui ne rapportent rien ou à peu près, puisque les contribuables refusent de les payer et que l'Assemblée ne se sent pas le courage d'en exiger le recouvrement ; il est donc urgent de les supprimer ; deuxièmement : mais comme l'État ne doit pas se priver de ces ressources, il doit établir de nouveaux impôts qui ne comprendront plus les vices des anciens, et qui permettront à l'État de sortir de la situation difficile dans laquelle il se trouve.

Dupont commence son rapport par des considérations générales sur les devoirs de l'Assemblée en matière de finances. Pour lui la situation est critique, mais elle est loin d'être désespérée. Les ressources ne manquent pas ; devrait-on y faire appel dans une très large mesure, il n'y aura pas de déception, car le peuple est, aussi bien que l'Assemblée, convaincu de ses devoirs.

« Messieurs, vous allez commencer la partie de vos travaux qui doit consolider votre constitution. Le succès définitif de votre étonnante entreprise dépend de ce que vous ferez pour les finances de l'État. Les vues les plus hardies, les pensées les plus profondes, les résolutions les plus sages, les efforts les plus pénibles, les sacrifices les plus généreux dont les exemples ont été multipliés dans cette salle, ne paraîtraient aux yeux de l'histoire, et ne seraient trop réellement que des rêves philosophiques, si l'équilibre entre les revenus et les dépenses ordinaires, si l'établissement d'un excédent propre à satisfaire aux dépenses extraordinaires, si l'établissement d'un fonds progressif applicable à l'amortissement des dettes pendant la paix, et aux premiers frais d'une guerre imprévue, ne replaçaient la nation française au rang qu'elle doit tenir en Europe, au premier rang entre les nations.

Les nations ne subsistent que comme les particuliers, à la charge de payer les dépenses de leur entretien. Le peuple français est digne de sentir cette vérité et vous êtes dignes de la lui rappeler avec fermeté, avec sagesse comme dépositaires vertueux de son pouvoir législatif et constituant comme organes de sa véritable volonté. »

Les députés, pas plus que la nation, ne ménageront leur peine et ils auront à cœur de permettre à la France, de franchir sans encombre le passage périlleux dans lequel elle se trouve (1).

« La chose est possible encore, mais elle ne permet point d'hésitation, elle ne comporte point de faiblesse. Les moments nous sont chers, autant que nous l'est la patrie, autant que nous le sont l'amour et l'estime de nos concitoyens. »

Le comité a travaillé de son côté et il pense avoir trouvé à peu près la solution du problème.

« Vous verrez que comme le bien appelle naturellement le bien et détruit naturellement le mal, votre comité n'a pu trouver le moyen de combler le vide que laisse dans les finances, la suppression de la gabelle, qu'en faisant cesser aussi les abus, les vexations de quelques impositions très odieuses, et en y substituant, comme à la gabelle, des contributions plus douces, plus légères et plus équitables.

Cinq impositions fixeront aujourd'hui son attention et la nôtre, ce sont : la gabelle, les deux droits dont la perception exige le degré le plus affligeant d'inquisition et les frais de régie les plus dispendieux ; celui sur la marque des cuirs et celui sur la fabrication des amidons, et deux autres droits qui, sans en-

---

1. *Archives parlementaires*, 1re série, t. XII. Séance du 11 mars 1790, pages 117 et suiv.

traîner un aussi grand nombre d'injustices choquantes, sont néanmoins encore très inquisitoriaux, très vexatoires, et portent la plus fâcheuse atteinte à deux branches bien intéressantes, d'industrie et de commerce. L'un est celui de la manque des fers et l'autre le droit sur la fabrication des huiles.

Votre comité traitera successivement ce qui concerne chacun de ces droits, l'étendue et la forme de leur remplacement.

Il lui paraît impossible, messieurs, que toute la confiance qui est due à la puissance et aux ressources de l'État, ne se rétablisse pas promptement quand on vous verra pourvoir à ses besoins publics et *vous livrer à un travail suivi*, dont toutes les parties se correspondront et se faciliteront l'une l'autre, pour asseoir les finances sur une base prospère et solide (1). »

Le rapporteur parle en premier lieu de la gabelle. Pour lui, nulle hésitation n'est possible, la gabelle doit être supprimée. « La gabelle est jugée depuis la première Assemblée des notables. Aussi regrette-t-il, qu'on n'ait pas pourvu au remplacement de cet impôt dès le moment où la perception en est devenue difficile.

Les projets de remplacement n'ont pas manqué, et

---

1. *Archives parlementaires*, 1re série, tome XII, séance du 11 mars 1790, page 119.

il en retient trois notamment : deux qui proviennent de citoyens qui ne sont pas membres de l'Assemblée ; le troisième qui est le projet du comité.

Il expose et discute les deux premiers puis passe à l'indication du plan du comité.

« Votre comité a cherché, non pas à mitiger la gabelle, mais à remplacer d'une manière équitable, prudente et douce, le revenu qu'en retirait l'État. En s'occupant de ce travail que vous lui avez prescrit, la première considération dont il a été frappé, est que dans le remplacement de la gabelle, vous préféreriez le juste et l'honnête à tout ce que l'on pourrait regarder au premier abord comme le profitable et l'utile. Il lui a même paru que le juste était véritablement l'utile ; que dans toute affaire la justice était un puissant moyen de persuasion ; qu'elle était le plus grand, peut-être l'unique pouvoir sur lequel on puisse fonder l'espoir légitime de la soumission du peuple, l'unique du moins, qu'il convienne aux représentants du peuple d'employer ; votre comité s'est donc attaché à distinguer ce qui dans l'imposition des gabelles était juste, et ce qui ne l'était pas. De là cette décision, que vous venez de porter et que vos commissaires savaient que vous porteriez, s'est offerte à leurs yeux comme un fanal. Ils ont trouvé, comme nous, juste, qu'en partant autant qu'on le pouvait des connaissances acquises, par l'expérience des administrations passées, on ne demanda à aucune province, à aucun département, qu'une contribution proportionnée au revenu et à l'aisance de ses habitants. Il a recouru à ce qu'on peut trouver de monuments et de renseignements à ce sujet; et l'examen des faits l'a convaincu qu'il était juste, dans les provinces soumises aux différentes gabelles, de payer ce qu'on appelle le principal de cette imposition, c'est-à-dire ce qui formait leur ancienne quotité avant qu'on les eût accrus par les sols pour livre additionnels (1). »

Et ce sera de toute justice, car il y aurait un tort à se fixer sur les sols pour livre additionnels dont un certain nombre de provinces ont obtenu le rachat moyennant une augmentation de leurs impôts directs, ce dégrèvement, des provinces soumises aux sols pour livre, serait donc un passe-droit fait à celles qui n'auraient aucune réduction d'impôts en compensation.

« Les provinces franches et rédimées et les provinces de gabelle verront avec une égale satisfaction, que l'impartiale équité que vous leur devez à toutes, vous ait fait porter un œil éclairé sur leur situation respective, et que vous ayez reconnu, d'un côté, que vous feriez injustice aux provinces exemptes de gabelle, si en répartissant entre les départements, les contributions directes, vous preniez pour base les

---

1. *Archives parlementaires*, 1re série, tome XII, pages 120 et 121.

impositions territoriales et personnelles que ces provinces payaient précédemment, sans avoir égard à la charge qui leur avait été imposée pour compenser celle de la gabelle que les autres provinces avaient à supporter; de l'autre côté, que vous feriez une injustice non moins grande aux provinces de gabelles, s vous surchargiez leur imposition de la valeur des sols pour livre ajoutés à la gabelle dans ce siècle (1). »

Mais les conversions d'impôts ne doivent être faites, qu'aux époques de prospérité, ou bien alors il faut réduire sensiblement le revenu. « Le trois fois bon, trois fois grand Turgot, aussi éclairé qu'intrépide et qui désirait si vivement de faire dans les finances les améliorations qui nous sont réservées aujourd'hui, mais qui pesait la conséquence de chaque résolution, n'osait entreprendre la conversion des mauvais impôts, qu'après l'avoir préparée par une année de bonne administration du commerce et facilitée par de grandes diminutions des impôts mêmes. » Et Dupont demande que l'on ne remplace que les deux tiers de ce que la gabelle rapportait annuellement. C'était environ soixante et un millions et demi que fournissait cet impôt, on abandonnera donc vingt et un millions, mais le pays sera dégrévé d'un chiffre bien supérieur, car les frais de régie disparaîtront et c'est une économie de plus de dix millions; il en sera

---

1. *Archives parlementaires*, 1ʳᵉ série, tome XII, page 121.

Cuny

de même des innombrables procès qui étaient cause de tant de ruines.

Il semble que Dupont devrait être le premier à proposer comme base du nouvel impôt le revenu des propriétés territoriales. En réalité il repousse un semblable projet, en montrant que « dans l'état de désordre où sont les finances et le commerce, les propriétaires ne jouissent pas de la totalité du revenu que devrait leur procurer la vente des productions de leurs terres, au prix qui en est payé par les consommateurs ; les impositions indirectes, les gênes sur le commerce, les inspections inutiles, les règlements vexatoires, les monopoles, les privilèges exclusifs, variés sous tant de formes, absorbent une grande partie de ce revenu.

On ne peut s'écarter précipitamment de cet ordre de dépenses, quoi qu'il soit très vicieux. Il faut prendre la richesse où elle est, et il faut la restituer graduellement aux finances et aux travaux productifs, par la simplification des finances et par la liberté du commerce, avant de pouvoir demander aux propriétaires des terres le paiement direct de la totalité d'une imposition qu'on veut changer de forme ; c'est une vérité digne de la plus sérieuse attention (1). »

C'est donc un regret que Dupont émet ici en tant que physiocrate. La base logique du nouvel impôt,

---

1. *Archives parlementaires*, 1re série, tome XII, page 122.

il la voudrait demander, mais il sent que la situation est trop défavorable à un pareil système et il se contente d'indiquer, que si son projet ne répond pas à ses théories personnelles, c'est que dans le temps présent, la richesse n'est pas là où elle devrait être, c'est-à-dire chez le propriétaire.

Ce sera sur la totalité des impôts, impôts directs et impôts indirects, qu'on répartira au marc la livre, l'impôt destiné au remplacement de la gabelle. Mais il faudra laisser aux villes une latitude complète sur les moyens qu'elles emploieront pour se procurer ces revenus, ce qu'il faut surtout éviter, c'est l'obligation pour elles de créer des sols pour livre sur les octrois. Dans nombre de villes ces droits d'octroi sont arrivés à un tel chiffre, qu'il est impossible de les élever davantage. La contrebande est comme un régulateur, qui fait qu'au delà d'une certaine mesure, l'octroi ne donne pas un sou de produit de plus. Les villes pourront donc frapper de nouvelles marchandises ou élever la contribution personnelle par exemple.

Mais en établissant le nouvel impôt d'après un chiffre égal aux deux tiers seulement du revenu de la gabelle, on fera perdre au Trésor une vingtaine de millions. Or les finances sont dans un état trop précaire pour qu'on puisse supprimer une pareille recette.

Où retrouver cette somme ?

Ce sera, en partie du moins (jusqu'à concurrence d'une dizaine de millions) dans la vente faite par les fermiers généraux, de l'approvisionnement existant en sel. Sur le prix de vente, l'État retiendra un sol pour livre (le prix devant être celui qu'établira la concurrence) ce sera le moyen, à la fois, d'empêcher la hausse excessive du prix du sel et de fournir aux consommateurs un sel de très bonne qualité.

Il ne reste donc plus qu'une dizaine de millions perdus par le Trésor du fait de la conversion de l'impôt.

Or il existe, entre autres, quatre sortes d'impôts tous plus ou moins mauvais qui ne rapportent rien ou presque rien au Trésor, sont extrêmement coûteux comme frais de perception et nuisent très certainement à l'agriculture. Ce sont les droits de marque des cuirs, le droit de fabrication et de circulation des amidons, le droit de marque des fers et aciers, le droit de fabrication et de transport, sur les huiles et les savons.

Le droit de marque des cuirs est nuisible au commerce, mais tout autant à l'agriculture, car il frappe du même coup la viande de boucherie.

La manière de contrôler le paiement de ce droit est absurde, car les peaux sont extrêmement sensibles à l'action de la sécheresse et de l'humidité, par suite, au bout de peu de temps, la marque se déforme, s'efface et il devient impossible de la reconnaître. Si les ministres des dernières années n'ont pu réussir à faire disparaître cet impôt inique, l'Assemblée se doit de le supprimer immédiatement. Il enlève au fabricant plus de trente pour cent de son bénéfice, il ne rapporte presque rien au Trésor et l'armée d'agents qu'il faut entretenir pour percevoir l'impôt enlève au Trésor le plus clair du revenu.

Le droit sur la fabrication des amidons est non moins condamnable. Il a détruit en France une branche importante de l'industrie, enlevant au fabricant près de 90 0/0 de son profit.

« Il oblige celui-ci (le fabricant) à faire perpétuellement des déclarations, à souffrir perpétuellement des visites, avec des formalités si multipliées, que ce ne peut être que par miracle, ou par collusion qu'il échappe à l'accusation de contravention et aux procès de fraude, quelque pure que soit sa conduite.

Il exige la présence des commis qui doivent être avertis vingt-quatre heures d'avance, et qui ont le droit de se faire attendre, pendant six heures, pour des opérations chimiques de fermentation qui n'ont qu'un moment de perfection indispensable à saisir.

Il soumet le fabricant à la peine de la fraude si le temps a été sec et si les rats et les souris ont dévoré sa marchandise ; à la peine de la fraude, si les animaux mangeurs de farine ont pu être repoussés et détruits, et si un temps pluvieux a augmenté le poids d'une matière singulièrement propre à pomper toute l'humidité. »

Pour les droits de marque des fers et les droits de fabrique et de transport sur les huiles et les savons, mêmes raisons de les condamner.

Les premiers sont une véritable protection dont bénéficient les fers étrangers.

On a un moyen simple de remplacer cet impôt, c'est de frapper à l'entrée de la douane, les fers et aciers étrangers travaillés, ce qui sera une protection pour nos industriels (1).

Toutes ces modifications qui auront surtout pour

---

1. Bien souvent dans ses ouvrages Dupont de Nemours avait soutenu la théorie contraire. Dans la *Table raisonnée des principes d'économie politique*, parue en 1775 et dont il y eut une deuxième édition en 1778, il avait écrit qu'on ne devrait jamais défendre l'entrée d'un produit ni d'une marchandise étrangère, que c'était violer de droit de propriété personnelle de tous les nationaux, que de leur interdire les jouissances qu'ils peuvent se procurer par l'achat de tel ou tel produit étranger ; et qu'il y avait une atteinte portée à la reproduction des richesses, lorsqu'on empêchait le débit des produits que les étrangers prennent en retour, quand ils viennent vendre les leurs. Dupont semble donc quelque peu en contradiction avec ses théories, dans ce rapport de mars 1790. Nous en trouvons une excuse quelques lignes plus loin, lorsqu'il demande à ses collègues, de ne pas « trop s'inquiéter du parfait pour lequel le temps nous manque, dont la recherche trop scrupuleuse et par conséquent trop lente ferait tout perdre. »

but de soulager le pays d'une multitude d'ennuis, de vexations, visites domiciliaires, procès, amendes, etc... toutes ces modifications réduiront à huit millions le vide produit par la suppression de la gabelle.

Comment se procurer ces huit millions ?

En les demandant aux provinces qui ont refusé de payer l'impôt et en leur faisant payer, non pas même la totalité de ce qu'elles auraient dû verser, mais les deux tiers seulement, ce qui donnera un excédent de recettes appréciable et utile.

« Cet excédent, Messieurs, n'est que celui qui doit exister constamment dans les projets de fonds d'une grande nation ; car il arrive des dépenses imprévues, car il y a des recettes qui ne se réalisent pas, car il est impossible de pourvoir à tout, de faire pour l'État des marchés avantageux, d'inspirer de toute part cette confiance qui facilite tout, qui échauffe l'affection des amis, qui glace le sinistre courage des ennemis si l'on n'a pas surabondance de moyens. »

Dupont suppliait l'Assemblée, en terminant, de ne pas perdre un seul instant, et de travailler de suite, à la réalisation des projets du comité.

« Tout dépend de l'activité, de la fermeté, de la célérité avec lesquelles vous vous déciderez à faire le bien, en masse, lorsque vous aurez reconnu qu'en masse, c'est le bien, et *sans vous trop inquiéter du parfait pour lequel le temps vous manque,* dont la recherche trop scrupuleuse et par conséquent trop lente, ferait tout perdre et que Dieu n'a pas donné à l'homme d'atteindre.

« Il faut donc agir ; assez satisfaits d'avoir sauvé le peuple et le pays dont les intérêts nous sont confiés.

« Une lenteur perfide qu'il serait facile de décorer du nom d'exactitude et de sagesse ; ou bien une action suffisamment bonne, une action efficace dirigée par des principes visiblement humains, raisonnables et utiles : voilà le choix. La toute-puissance, la bienfaisance et la gloire, sont d'un côté ; de l'autre... Mais l'autre côté n'existera pas (1). »

Dupont proposait alors neuf projets de décrets pour la connaissance desquels nous renvoyons au tome XII, 1re série des *Archives parlementaires*, pages 132 et suivantes, séance du 11 mars 1790.

Nous nous contenterons de citer le plus intéressant, le premier, qui est le projet de décret sur la gabelle.

« L'Assemblée Nationale a décrété et décrète ce qui suit :

« Article premier. — La gabelle ou la vente exclusive du sel dans les départements qui formaient autrefois les provinces de grandes gabelles, de petites gabelles et de gabelles locales; le droit de quart-bouillon dans les départements de la Manche, de l'Orne et de l'Orne-Inférieure, et les droits de traite

---

1. *Archives parlementaires*, 1re série, tome XII, page 132.

sur les sels destinés à la consommation des départements anciennement connus sous le nom de provinces franches et de provinces rédimées, seront supprimés à compter du 1er avril prochain.

« Art. 2. — Une contribution réglée sur le pied de quarante millions, formant les deux tiers seulement du revenu que le Trésor national retirait de la vente exclusive du sel et du droit de quart bouillon, sera répartie provisoirement, et pour la présente année seulement, sur les départements et les districts qui ont formé les provinces et les pays de grandes gabelles, de petites gabelles, de gabelles locales, et de quart bouillon en raison de la quantité du sel qui se consommait dans ces provinces, et du prix auquel il y était débité avant le décret du 23 septembre dernier.

« Art. 3. — Une contribution de deux millions, formant les deux tiers seulement du revenu que le Trésor national retirait des droits de traite de toute espèce, établis sur le transport du sel destiné à la consommation des départements et des districts qui formaient les provinces franches et rédimées, sera répartie sur ces départements et ces districts, en raison de la consommation que chacun de ces départements et de ces districts faisait du sel soumis à ces droits.

« Art. 4. — Se réserve, l'Assemblée Nationale, de décréter, la somme afférente à chaque département, dans la contribution ordonnée par les deux articles précédents, d'après les états de consommation et de prise qui lui seront incessamment mis sous les yeux par le comité des finances.

« Art. 5. — La contribution ordonnée par les articles 2 et 3 sera répartie sur les contribuables par forme d'addition proportionnelle à toutes les impositions réelles et personnelles, et aux droits d'entrée des villes tant de ceux qui appartiennent à la nation, que de ceux qui se lèvent au profit des villes elles-mêmes.

« Art. 6. — La portion de cette contribution en augmentation des impositions directes, sera établie au marc la livre et perçue en vertu d'un simple émargement, en tête des rôles de ces impositions pour l'année 1790.

« Art. 7. — Quant à la portion de la même contribution qui devra être en addition des droits d'entrée des villes, l'Assemblée en réglera l'assiette par un décret particulier.

« Art. 8. — La contribution établie par l'article 2 pour remplacement du produit des deux tiers de ce que le Trésor national retirait de la vente exclusive du sel, aura lieu dans les départements par lesquels ce remplacement est dû, à compter de l'époque où ils ont été affanchis, de fait, des gabelles et où l'État a cessé d'en retirer un revenu dans leur province.

« Art. 9. — Il sera enjoint aux fermiers généraux de continuer le délit du sel au prix qui sera réglé par la concurrence du commerce, d'assurer l'approvisionnement des lieux que le commerce négligerait de fournir, et de prévenir les renchérissements subits et trop considérables, auxquels la variété des combinaisons du commerce pourrait donner lieu.

« Ils rendront compte tous les mois à l'administration des finances, de la manutention et du profit de cette régie, sur laquelle leur seront attribuées des remises proportionnées à leur travail, et du produit qu'ils verseront pareillement, de mois en mois dans le Trésor national (1). »

Dès le 13 mars, la discussion commença très serrée sur les projets de décrets présentés par Dupont de Nemours, on en profita pour attaquer une fois de plus et très vivement les théories physiocratiques, qui, on le sentait, guidaient les propositions du rapporteur.

Cazalès, Malouet, l'abbé Maury unirent leurs critiques.

Cazalès débuta en reprochant aux projets, de rompre l'équilibre entre les impôts directs et les impôts indirects. « Les impôts indirects conviennent à un peuple libre, les impôts directs ne conviennent qu'à un peuple esclave ; leur perception ne peut se faire

---

1. *Archives parlementaires*, 1re série, tome XII, page 132 et 133.

qu'avec violence, leur répartition est nécessairement inégale. L'imposition indirecte au contraire ne portant pas sur celui qui cultive, mais sur celui qui consomme est proportionnée aux facultés, parce que celui qui possède plus, consomme plus. Cette imposition se plie à l'inégalité des fortunes, elle se perçoit d'une manière simple, facile, journalière et sans qu'on soit obligé de recourir à des contraintes toujours odieuses... Si vous adoptiez le projet du comité, votre décret deviendrait le premier article d'un plan dangereux, la première base d'un système accrédité parmi beaucoup de membres de cette assemblée, d'un système qui, en dernière analyse, donne pour résultat que tout impôt, quel qu'il soit, est supporté par la terre. J'attaquerai le système, j'en développerai les dangers, je dévoilerai les erreurs qu'il présente ; mais aujourd'hui je me borne à demander que le comité des finances soit chargé de soumettre dans huit jours un projet de remplacement de la gabelle, par un impôt indirect qui ne porte pas sur les consommations de première nécessité, et qui ne pèse point sur la classe indigente du peuple. L'impôt du timbre, par exemple, pourrait offrir ce remplacement, non pas tel qu'il avait été conçu en 1788 mais avec de grandes et d'utiles modifications (1). »

1. *Archives parlementaires*, 1re série, tome XII, séance du samedi 13 mars 1790, au matin.

L'abbé Maury disait : « Dans tous les Etats de l'Europe où l'on a voulu faire l'application des principes professés par les économistes, l'expérience leur a toujours été contraire... on ne veut pas des impôts directs, ce système est une calamité publique.

Dupont répondit à Cazalès en faisant remarquer que le projet de ce dernier (qui avait pour but d'augmenter les droits de timbre) frapperait injustement les pays exempts de gabelle, car ils seraient frappés d'un nouvel impôt sans aucune compensation. « Vous avez voulu que les provinces en général fussent imposées à raison de leurs revenus, et que celles qui ne sont pas soumises à la gabelle, ne supportent aucune partie du remplacement de cet impôt, aussi notre comité se gardera bien d'adopter les propositions que nous ont présentées MM. Maury, Cazalès et Malouet. Le timbre devrait porter sur toutes les provinces à la fois, et comme je viens de le dire, le remplacement ne doit s'étendre que sur quelques-unes (1). »

Le 18 mars, Cazalès attaquait à nouveau la tendance qui consistait à rompre l'équilibre entre les impôts directs et les impôts indirects au détriment de ces derniers, puis il répondait au reproche d'injustice vis-à-vis des provinces exemptes de gabelle.

« On propose d'établir sur les terres l'impôt en

1. *Archives parlementaires*, 1re série, t. XII. Séance du 16 mars 1790.

remplacement de la gabelle ; cette manière d'imposer, funeste dans tous les temps, serait impossible dans les circonstances présentes. L'impôt demandé porterait sur la taille ; la taille porte sur le blé : ainsi l'impôt du sel sera remplacé sur le blé. Si la taxe sur les terres est excessive, la culture de toutes les terres médiocrement bonnes sera abandonnée ; le prix du blé s'élèvera à la hauteur de l'impôt, et le peuple n'y pourra atteindre. Je défie l'économiste le plus intrépide de me nier ces résultats. J'ai déjà parlé de la proportion nécessaire entre les impôts directs et les impôts indirects. Il est simple de remplacer une imposition directe par une imposition indirecte ; cela est bien plus sage, cela est bien plus juste, parce qu'alors la proportion n'est pas violée. L'impôt direct tel qu'il existe n'était perçu que par le moyen des saisies et des contraintes ; il ne peut être augmenté, ou bien la perception effective ne sera pas réalisée.

La proposition que je vous ai déjà faite d'établir un droit de timbre, est plus commode, plus sûre et plus facile à exécuter.

On a dit que ce droit serait étendu sur les provinces qui ne porteraient pas de gabelles ; mais on peut le fixer pour les provinces gabellées seulement et différer de l'établir sur les autres, jusqu'à ce qu'un système général ait été présenté.

Je conclus à ce qu'un impôt direct ne remplace pas

un impôt indirect ; que le comité des finances présente incessamment un projet d'impôt indirect et que ce comité entende ma proposition sur le timbre (1). »

Le 20 mars on passait à la discussion des articles, la discussion moins intéressante fut cependant suivie, mais à part quelques rares modifications, le texte de Dupont de Nemours fut adopté par l'Assemblée. Le Chapelier surtout insista sur l'usage qui devait être fait, du stock de sel existant dans les greniers de l'État. On a vu, que l'article 9 du projet de Dupont, voulait obliger les fermiers généraux à vendre ce sel au prix du commerce, ce qui permettait d'une part l'approvisionnement des contrées privées de sel et ce qui, d'autre part, arrêtait les tendances au renchérissement extrême.

Sur ce point seulement, Dupont modifia légèrement le texte de son projet.

En somme le texte du projet et le texte noté par l'Assemblée, étaient à peu près les mêmes (2).

Les huit autres projets furent adoptés également sans amendement sérieux.

Dupont et l'Assemblée devaient avoir longtemps encore à discuter sur le remplacement de cet impôt

1. *Archives parlementaires*, 1re série, t. XII. Séance du jeudi 18 mars 1790.
2. Pour comparer les textes voir : *Recueil de Duvergier*, décret des 21-30 mars 1790.

que l'on venait d'abolir. Il fallait en effet, fixer une base de répartition équitable, pour percevoir les contributions destinées à combler le vide produit par la disparition de la gabelle, et les mauvaises volontés ne manquaient pas pour entraver cette deuxième partie de la réforme qui devait avoir devant l'opinion un succès bien moins certain que celui remporté par la première partie.

Dupont eut donc à faire rapports sur rapports, il eut à répondre à des objections sans nombre.

Les intérêts de chaque province se trouvaient mis en jeu et les députés réclamaient tous plus ou moins, en faveur de leur province, contre le mode de répartition proposé pour la perception du nouvel impôt.

Dans un rapport en date du 14 août 1790 « fait au nom du comité des finances à l'Assemblée Nationale : sur la répartition de la contribution en remplacement des grandes gabelles, des petites gabelles, des gabelles locales et des droits de marque des cuirs, de marque des fers, de fabrication sur les amidons, de fabrication et de transport dans l'intérieur du royaume sur les huiles et les savons. » Imprimé par ordre de l'Assemblée Nationale.

Dupont félicitait l'Assemblée, de la décision importante qu'elle avait prise dans ses décrets de mars.

« C'était une pensée digne de vous, que de soulager les contribuables de toute la surcharge incalculable mais visiblement énorme que des formes compliquées et litigieuses d'imposition leur donnaient à supporter et de tourner au profit des finances, c'est-à-dire de la richesse commune de tous les citoyens, et à la diminution générale de l'imposition, la valeur des frais inutiles et multipliés qu'entraînait une nature d'impôt, qui, violant sans cesse la liberté, toujours disposée à la résistance, ou au moins à l'évasion, exigeait presque à chaque porte un inquisiteur et un recors. »

On voit que Dupont ne manquait jamais d'insister sur ses théories personnelles, lorsque l'occasion le permettait et le passage que nous venons de citer, qui comprend une apostrophe à l'encontre des impôts indirects, est un des thèmes favoris de Dupont et de l'école physiocratique.

Mais Dupont réclamait encore de l'Assemblée un nouvel effort, il voulait d'elle un vote rapide, des mesures profondément étudiées par le comité des finances, sur la répartition, entre les diverses provinces, des impôts dont le principe était contenu dans les décrets de mars. Il proposait la répartition d'après la population.

Mais les propositions de Dupont ne furent pas immédiatement acceptées, et on les renvoya devant le comité des finances où elles devaient être étudiées à nouveau.

C'est au début d'octobre, le 3, que Dupont présenta un nouveau rapport. Il y eut encore une assez longue discussion qui dura jusqu'au 9, coupée de conférences entre le rapporteur et ses adversaires. Gaultier de Biauzat surtout, lui était opposé et offrait comme base de répartition le chiffre de la consommation. Chasset montra, que si la consommation était prise pour base, certaines provinces paieraient pour le remplacement de la gabelle, autant que pour la taille, la capitation et autres impôts subsidiaires et cela parce que les habitants des provinces voisines avaient l'habitude de venir s'y approvisionner, le sel y ayant une valeur moindre.

Dupont parvint à faire adopter son projet de décret qui devint le décret du 9-26 octobre 1790. Décret concernant la répartition des impositions provisoirement ordonnées, en remplacement de la gabelle, de l'abonnement de la marque des fers et des cuirs et des droits sur la fabrication de l'amidon et des huiles et savons (1).

Nous pouvons donc prétendre que dans toutes les questions intéressant la gabelle et dans lesquelles Dupont de Nemours eut à intervenir, l'Assemblée adopta toujours les vues de ce dernier et cela malgré les difficultés qu'il avait à surmonter et qui venaient tout autant du caractère des réformes que Dupont avait à soutenir que de l'opposition marquée et systématique faite par certains membres de l'Assemblée, aux théories de l'école physiocratique.

1. Voir *Recueil de Duvergier*.

CHAPITRE IV

LES AIDES

Il nous faut revenir maintenant un peu en arrière pour suivre les discussions qui se déroulèrent devant l'Assemblée Constituante, sur la question des aides, discussions dans lesquelles Dupont eut à jouer un rôle important et fort intéressant.

Dupont de Nemours désigné par le comité des finances pour soutenir l'imposition des aides, telle est la situation étrange dans laquelle nous allons trouver notre auteur. Comment pouvait-il concilier ses théories avec les exigences du comité? Comment pouvait-il parler en faveur d'impôts qu'il avait si souvent jugés et condamnés dans un grand nombre de ses ouvrages?

Nous verrons qu'il a expliqué sa conduite quelques années plus tard, dans une lettre écrite à J.-B. Say [1].

1. *Lettre de Dupont de Nemours à J.-B. Say*, 22 avril 1815. *Collection des principaux économistes :* Physiocrates, 1re partie.

Il n'avait du reste nullement besoin de se justifier lui-même, car ses rapports prouvent qu'il n'avaient rien abandonné de ses théories, puisqu'il les écrivit, bien plus contre les impôts dant nous allons parler, qu'en faveur de ces impôts. Le résultat fut du reste tout opposé à ce que le membre du comité des finances était chargé de demander à l'Assemblée, mais il était conforme à ce que le physiocrate avait sollicité d'elle.

Comme nous l'avons fait précédemment pour la gabelle, nous allons rappeler, brièvement, qu'elle était l'organisation des aides avant 1789, et comment cet impôt était jugé par l'opinion publique à la veille de la Révolution.

Les aides étaient un impôt perçu à l'occasion de la vente et du transport des marchandises ou objets de consommation, mais frappant plus particulièrement les boissons. Le royaume n'y était pas entièrement assujetti, on trouvait seulement le ressort de la Cour des aides de Paris et celui de la Cour des aides de Rouen.

Il est vrai que sous des noms différents on rencontrait, dans d'autres provinces, des impôts analogues. *La ferme des devoirs* en Bretagne, *l'équivalent* en Languedoc, *le masphening* en Alsace.

Les deux grands vices de cet impôt étaient : l'uniformité et l'inégalité, vices à peu près communs à tous les impôts de l'ancien régime.

Les aides se subdivisaient en un grand nombre de droits, parmi lesquels nous citerons : le droit de gros qui était perçu sur les ventes en gros à raison du vingtième du prix. Pour arriver à le percevoir, il fallait inventorier chez les producteurs, un mois au plus tard, après la récolte, c'était là une cause de tracas et de gêne pour le récoltant, en même temps que la source d'innombrables procès.

Les anciens et nouveaux cinq sous étaient un droit fixe par muid de vin, payable à l'entrée des villes.

Il en était de même de la subvention.

La vente en détail était imposée après la vente en gros. C'était le droit de huitième qui frappait ces ventes au détail, atteignant le vin, le cidre, la bière, etc., à des tarifs variables. Le quatrième était un droit proportionnel au prix de vente. Enfin l'annuel était un droit de licence, auquel étaient astreintes, tous les ans, les personnes qui se livraient au commerce des boissons en gros ou en détail.

Mais les boissons étaient encore frappées de bien d'autres droits : droits de jauge, de courtage, etc...

Système compliqué, nuisible au commerce, entravant les transports, combiné de manière à frapper les boissons dans toutes les circonstances possibles ; « en tout vingt-cinq taxes générales et autant de droits locaux. Dans chaque généralité, dans chaque élection les taxes variaient. Si l'on y joint les traites et jauges qui s'y superposent souvent, on comprendra que le prix d'une barrique de vin de Bordeaux, s'élevât dans le nord de la France, à dix fois sa valeur » (1).

Voyons comment cet impôt était apprécié par les contribuables, au moment de la réunion des États Généraux.

On peut dire, de suite, que les aides rivalisaient d'impopularité, avec la Gabelle. Nous avons eu déjà l'occasion de citer certaines appréciations des cahiers touchant notre impôt, tous le condamnent avec plus ou moins de force.

Le tiers de Château-Thierry disait : Le Tiers État charge spécialement ses députés, de poursuivre et d'obtenir, la suppression *de l'impôt le plus désastreux de tous ceux qu'il supporte,* celui des aides, et de tous accessoires oppresseurs que le génie fiscal y a joints, qui sont si multipliés que la plupart de ceux qui les acquittent n'en connaissent ni le nom, ni l'étendue ; impôt qui engloutit en frais de perception des sommes énormes ; impôt qui entretient au sein de la paix et au milieu des citoyens, *une armée ennemie ;* impôt enfin, qui par ses entraves, et ses extensions arbitraires et vexatoires, fait le supplice du peuple. »

Le clergé de Beauvais s'élève avec non moins de force contre les aides : « Que de genres d'oppressions,

---

1. Brissaud. *Cours d'histoire génerale du droit français public et privé.* Paris. A. Fontemoing éditeur, 1904, t. I, p. 938.

quelle inquisition criante, les droits d'aides ne font-ils pas exercer dans tous les lieux qui leur sont soumis ! La variété seule de ces droits est un piège continuellement tendu à la simplicité des peuples, leurs noms mettent en défaut la mémoire la plus fidèle... Qui n'est pas exposé, par cette nomenclature de droits, à des saisies, à des emprisonnements, à des amendes qui sucent le plus pur sang du peuple ? Ces droits que les préposés interprètent à leur gré, ont porté leur voracité sur tous les objets. Tout est du domaine de la régie générale. Cette banque a toujours fait de nouvelles conquêtes, elle n'a point relâché une de ses anciennes. Le clergé de ce bailliage se joindra donc à toute la France, pour l'extinction des droits aussi onéreux, aussi tyranniques, extorqués dans les temps barbares par le génie fiscal et qui déshonorent une nation libre sous un monarque bienveillant. »

Le tiers du Poitou rappelle les procès multipliés et ruineux « auxquels donnent lieu les droits d'aides, puis il ajoute : « Ces procès sont surtout occasionnés par la confiance excessive et dangereuse accordée à des commis toujours intéressés à trouver des contraventions, à multiplier les procès-verbaux, afin d'obtenir la confiance de la régie ordinairement peu scrupuleuse sur le choix des moyens et qui trop souvent ne cherchent à effrayer le timide artisan, que pour lui vendre plus cher sa tranquillité. »

Nous terminerons en citant un passage des instructions de la paroisse de Chevannes. Sous une forme simple, l'auteur de ces remontrances (que nous avons dit être Dupont de Nemours lui-même) expose combien cet impôt devient vexatoire jusque dans les plus petits détails de la vie et au moyen d'exemples frappants, il montre l'utilité qu'il y a à supprimer les aides. « Les propriétaires et habitants de la paroisse de Chevannes, dont la plupart sont vignerons, ne peuvent qu'être encore très affligés, de l'impôt des aides qui forme une double imposition sur les vignes déjà chargées de la taille et des vingtièmes, comme les autres biens ; qui resserre le débit d'une des principales productions de leur territoire, en la renchérissant pour les consommateurs ; premièrement, de la valeur de l'impôt ; secondement, de tous les frais considérables qu'entraîne sa levée ; troisièmement, de tous ceux non moins grands qu'occasionnent les procès et les accommodements auxquels ils donnent lieu, et ce qui de plus est très nuisible à leur liberté personnelle, par les visites domiciliaires auxquelles elle autorise les ennemis et par le trouble qu'il apporte dans les relations les plus simples de l'amitié ou de la bienfaisance.

Aucun propriétaire ou habitant ne peut rassembler ses amis le dimanche, sans être exposé au soupçon de leur avoir vendu le vin qu'il leur donne, et a un procès-verbal en conséquence et sans avoir au moins à payer à la fin de l'année, les droits de ce qu'on juge qu'eux et lui auront bu de trop à la santé du Roi, en raisonnant sur les bonnes intentions et sur les soulagements qu'il se proposera de donner à son peuple. Et si, pour éviter le *trop bu*, sur la provision d'une seule maison, chacun d'eux veut porter sa bouteille en allant chez son ami, afin qu'il n'y ait, de bu pour chaque propriétaire que la quantité allouée à sa consommation, ils seront tous saisis, arrêtés, maltraités, condamnés à de grosses amendes et flétris dans les procès-verbaux par l'accusation de *fraude manifeste*.

La curé même, envoyant, par la bienfaisance à laquelle le portent sa charité et son ministère, une bouteille de vin à un pauvre malade pour lui fortifier l'estomac, sera exposé à la même imputation et à la même amende ; il ne pourrait y échapper qu'en portant le vin lui-même ; et si sa santé ne le lui permet pas, il faut que le malade pâtisse ou que le pasteur soit compromis et risque de voir consumer en amendes ou en procès l'argent dont il aurait besoin pour assister et secourir ses paroissiens indigents.

Si quelqu'un d'entre eux n'a point envie de tenir cabaret, mais seulement de débiter le vin de son crû et se fait également autoriser à le vendre à pot, ou en bouteille, il faut qu'il renonce à jamais donner à dîner ou seulement à goûter à ses parents les plus proches, à ses amis les plus intimes, il faut qu'il renonce même à donner le plus léger secours d'aliments à l'infortuné qui peut tomber exténué de besoins devant sa porte ; sinon, procès-verbal contre lui, comme ayant rendu son vin *à assiette,* accusation de *fraude manifeste,* saisie, confiscation, amende, ruine pour sa maison. Et souvent les commis ont, par des scélérats apostés et feignant de se trouver malades, tenté ainsi la charité des contribuables, pour les punir ensuite de s'être conduits en hommes et en chrétiens.

Si dans une cave humide des cerceaux se pourrissent, si dans une cave sèche des vers percent le bois, si une pièce de vin se perd, et si les commis n'ont pas le temps de se transporter sur le lieu pour vérifier le fait à l'instant, ou si lorsqu'ils s'y transportent, le vin répandu leur paraît de trop faible qualité et ne pas exhaler une odeur assez vineuse, non seulement le propriétaire perd son vin, non seulement on ne lui tient aucun compte de l'exactitude avec laquelle il s'est hâté d'avertir les commis, procès-verbal contre lui, condamnation au paiement des droits de consommation du vin qu'il a perdu, amende au par-delà.

Et, si l'impatience excitée par toutes ces vexations, si l'indignation des ruses par lesquelles on l'aura conduit à une contravention apparente, qui pouvait n'être qu'un acte d'humanité et de vertu, entraîne un homme honnête et fier, ou même un homme doux et paisible, mais qui par hasard aura effectivement *trop bu* d'un coup, à la moindre expression de colère ou de mépris ou à la plus légère violence, on fait usage contre lui des *armes permises* aux commis, de l'épée, du sabre, des pistolets, des bâtons, avec procès-verbal de rébellion et amende plus forte ; et s'il défend sa vie, si, pour la sauver, il frappe à son tour... galères.

Les propriétaires et habitants de la paroisse de Chevannes sont convaincus que les États Généraux ne pourront approuver une telle forme d'imposition, et qu'elle sera en horreur au cœur noble et bienfaisant du roi dès qu'il en aura pris connaissance (1). »

La Constituante n'avait donc pas à hésiter sur la conduite qu'elle devait suivre par rapport aux aides. Il n'en fut rien.

L'Assemblée absolument maîtresse d'elle-même au début et ayant conscience de la grande tâche qu'elle avait à accomplir en matière de finances, voulut conserver les aides qu'elle jugeait indispensables au maintien de l'équilibre entre les recettes et les dépenses. Aussi dans ce but, pour résister aux exigences croissantes du peuple qui manifestait chaque jour et de plus en plus impérieusement son intention de ne pas payer cet impôt, elle rendit successive-

1. « *Instructions que les propriétaires et habitants de la paroisse de Saint-Sulpice de Chevannes...* » Archives parlementaires, 1re série, tome IV, page 220.

ment plusieurs décrets, dans lesquels elle insistait sur l'obligation pour les contribuables de payer cet impôt nécessaire au bon ordre des finances. Un décret du 25 janvier 1790 ordonna spécialement la continuation de la perception : « de tous les octrois, droits d'aides de toute nature et autres droits y réunis sous quelque dénomination qu'ils fussent connus ; dans la même forme et sous le même régime précédemment établi, jusqu'à ce qu'il en ait été autrement statué par l'Assemblée Nationale (1). »

Cependant certaines villes notamment dans l'ancienne Picardie, refusèrent de payer les aides et autres droits conservés. Mais l'Assemblée leur enjoignit, par un décret du 10 août 1790, d'acquitter ces droits, même pour les arriérés, et de se soumettre aux exercices que leur perception rendait nécessaire, à peine d'être poursuivis, non seulement comme contribuables, mais encore comme réfractaires aux décrets les plus positifs de l'Assemblée Nationale.

Ce décret fut ensuite déclaré commun à tous les lieux où il se trouvait des octrois et droits d'aides établis.

Cependant à l'approche des vendanges, l'Assemblée Nationale fut informée que malgré les décrets du 28 janvier et 10 août 1790 « la perception à de cer-

---

1. Voir le *Moniteur Universel* du 28 janvier 1790 t. II, page 112

tains droits d'aides éprouvait des obstacles dans quelques départements ». Par un troisième décret du 22 septembre, elle confirma les deux premiers et ajouta que leurs dispositions étaient surtout applicables aux déclarations et inventaires des vendanges au paiement des droits et de tous autres droits imposés sur les boissons et vendanges, jusqu'à ce qu'il fût définitivement statué sur le mode des contributions publiques. »

Mais ces décrets ne réussirent pas malgré leur nombre, et leurs injonctions ou leurs promesses, et en dépit même de la popularité et de la puissance de l'autorité dont ils émanaient, à faire cesser la résistance.

C'est alors que le comité de l'imposition, chargea Dupont de Nemours de présenter un projet tendant à transformer les droits d'aides en un impôt sur les boissons.

Le projet est du 29 octobre 1790.

Dupont de Nemours débute en faisant un procès en règle des impôts indirects alors qu'il a pour but d'en faire disparaître un, il est vrai, mais pour le remplacer par un nouveau. Toute la première partie de son rapport est une longue dissertation sur la supériorité des impôts directs, sur les inconvénients des impôts indirects.

« Les véritables principes des richesses sont peu connus. La marche nécessaire de leur reproduction et de leur distribution est presque totalement ignorée. Nous avons le sentiment de la philosophie dans le cœur et nous n'en avons pas le savoir dans la tête. Organes de l'opinion publique, dans un temps orageux, nous sommes obligés d'en suivre l'impulsion et de léguer à nos enfants le soin de l'éclairer. Elle veut des impositions indirectes. Néanmoins elle veut la liberté et toutes les formes de perception que les impositions indirectes nécessitent, lui semblent vexatoires et inadmissibles. Toutes ces impositions sont belles de loin et sur le papier : on y voit, dit-on, la consommation volontaire et la contribution insensible.

Toutes sont odieuses en réalité, et de près on y trouve l'inquisition, les procès, le piège de la fraude tendu sous les pas des citoyens, les formes compliquées et les frais multipliés.

Aussi toute proposition de ce genre lorsqu'on propose de la décréter, est toujours repoussée par les citoyens même qui en ont sollicité l'établissement.

Ils n'en veulent plus dès qu'ils en envisagent le régime et telle qu'elle puisse être, elle est, disent-ils, la plus horrible, la plus tyrannique, la plus inconstitutionnelle des impositions. Mais si l'on cède à ce murmure, en général très bien fondé, si l'on cherche à se retourner vers des impositions plus directes, moins inquisitoriales, plus proportionnelles, plus constitutionnelles, on est accusé de vouloir écraser l'agriculture et les propriétaires.

Les économistes qui ne voient le droit éminent de cité que dans les propriétaires du sol et qui regardent l'agriculture, la pêche, les mines et les carrières comme les sources uniques des richesses, dont les arts, l'industrie et le commerce ne sont que des utiles manipulations et que des contributions nécessaires, ont souvent eu la surprise de s'entendre imputer, dans ces discussions, d'être les ennemis de la culture qui fait la douceur de leur vie, et de la propriété qui est leur idole (1). »

Mais Dupont reconnaît que les esprits sont si ignorants et si troublés, les temps si difficiles, le budget en tel désarroi, qu'il est pour ainsi dire impossible d'appliquer ces théories qui sont cependant les seules vraies.

Il faut, malgré tout, que l'Assemblée prenne une décision sous peine de voir la constitution en danger. Il n'est donc plus temps de discuter sur la meilleure forme de revenu public : il s'agit, avant tout, de sauver les finances de l'État et pour cela de trouver un impôt qui, tout en étant productif, soit conforme aux théories de l'Assemblée et qui ne soit pas en contradiction avec les réclamations des contribuables.

1. *Archives parlementaires*, 1re série, tome XX, page 96, séance du 29 octobre 1790.

Quand les finances seront prospères et les inquiétudes dissipées, alors on pourra reprendre les discussions qui n'auront rien perdu de leur utilité. Alors on aura à décider : « Si les salaires et les profits des arts, de l'industrie et du commerce, sont payés autrement que par la vente des productions de la terre et des eaux. »

« Si les capitaux qui vivifient tout, sont formés d'autre chose que de l'accumulation de productions conservées ou acquises par d'autres productions et dont on a rendu la jouissance durable. »

« Si les droits de consommation peuvent être exactement proportionnés au produit net des denrées qui les supportent. Si dans le cas où ils pourraient être véritablement payés par les consommateurs, ce serait jamais dans une proportion régulière avec leur fortune.

« Si, au contraire, ils ne soulageraient pas le célibataire pour accabler le père de famille, en raison même de ce que sa famille serait plus intéressante et plus nombreuse (1). »

Et Dupont pose ainsi une multitude de questions qu'il laisse sans réponse, mais auxquelles le lecteur supplée facilement, étant données la manière dont elles sont émises et la personnalité de celui qui les émet. Toutes sont autant de problèmes économiques

1. *Archives parlementaires*, 1re série, tome XX, p. 97, séance du 29 octobre 1790.

discutés et résolus par l'école physiocratique, ou que tout au moins elle se figurait avoir résolus.

On doit donc trouver, de suite, une solution. Laquelle ? Dupont va montrer que c'est bien à regret que le comité de l'imposition a dû songer aux impôts indirects.

« Quant à votre comité de l'imposition, il doit se borner à convenir que malgré les maux inséparables des impositions indirectes, on ne peut ni espérer, ni proposer d'en affranchir la nation entièrement et tout à coup, on ne peut éviter la conservation ou l'établissement de plusieurs impositions de ce genre, dans un pays qui en acquittait une masse énorme aggravée encore par la charge additionnelle, qui résultait pour les contribuables de la multiplicité des frais litigieux et d'une foule de vexations, les unes sourdes et les autres criantes. Du reste peu à peu les habitudes prenant le dessus, on parvient à s'habituer aux injustices les plus criantes et au mal. Il devient alors dangereux de procéder trop brusquement aux réformes les meilleures, on risquerait de vouloir guérir un mal par un remède beaucoup trop violent.

Dans l'état actuel, les productions, les travaux, les salaires et leur prix respectif, se sont distribués et réglés d'après les circonstances dont il fallait bien subir la loi.

Le système désordonné que l'ignorance, l'astuce, le goût du monopole et le despotisme, ont porté dans les impositions et dans l'administration du commerce, a dérangé tous les prix naturels. La valeur des productions entre les mains des cultivateurs et des propriétaires, qui sert de base aux revenus territoriaux, a été avilie. Une partie de la valeur réelle que donnent ces mêmes productions, dans les derniers marchés de consommation, la dépense que les revenus des consommateurs les met à portée de faire a été absorbée par les impositions indirectes et par les frais onéreux de leur perception. De là vient que, quoiqu'il y ait très réellement en France pour 1.500 millions de revenu net, qui acquittent toutes les dépenses des propriétaires, tous les impôts et tous leurs frais, lorsqu'on fait des recherches sur la matière imposable que présente les terres, on ne trouve pas qu'elle se monte visiblement à plus de onze à douze cent millions, de sorte qu'on est obligé, de prendre, même avec perte, puisqu'on ne peut mieux faire, la richesse où elle se trouve ; on ne peut attendre que du temps et des bons effets progressifs de la liberté civile et de la liberté du commerce, le rapprochement du prix des producteurs à celui des consommateurs, la restitution entre les mains des propriétaires de revenus, de ceux auxquels ils ont un droit légitime, et la possibilité d'établir un système d'imposition entièrement bon (1). »

1. *Archives parlementaires*, 1re série, tome XX, page 97, séance du 29 octobre 1790.

Pour l'instant, étant données les exigences de la situation actuelle, le comité fera un choix entre les moins mauvais projets d'impositions indirectes, en tâchant d'y faire rentrer le plus de justice possible et en essayant d'atténuer leurs conséquences toujours néfastes.

« Votre comité fera de son mieux et ne vous présentera cependant aucune contribution indirecte, qui ne soit susceptible des plus puissantes objections. »

Quel singulier début, vraiment, pour un rapport qui va se terminer par un projet de décret dont l'article 2 porte : « Il sera établi sur la consommation des vins, cidres, poirés, bières et hydromels, dans l'étendue du royaume, un droit du vingt-cinquième de la valeur. »

Dupont semble bien, un peu, avoir oublié son rôle pour plaider, devant ses collègues, la cause des doctrines physiocratiques en matière d'impôts indirects, quels rapprochements ne peut-on pas faire, entre les lignes qu'on vient de lire et certains passages de l'*Origine et des progrès d'une science nouvelle* où l'on rencontre toute une critique des impôts indirects, et où l'on trouve des développements identiques à ceux que nous venons de citer. Il en est de même, si l'on se reporte à l'ouvrage de Mercier de la Rivière : *L'ordre naturel et essentiel des sociétés politiques*. Les réponses aux questions posées par

Dupont, que nous avons citées plus haut, y sont pour ainsi dire toutes faites.

Un exemple : Dupont demande « s'il est possible de faire dépenser 1500 livres à un homme qui n'en a que 1.200 et si lorsqu'on charge sa consommation, on ne l'oblige pas, ou de diminuer cette consommation au désavantage des vendeurs de production, ou des choses qu'il veut consommer, au désavantage non moins sensible de ces mêmes vendeurs. » En d'autres termes, l'impôt direct est-il supporté par le consommateur ou bien au contraire, par le producteur.

Mercier de la Rivière avait écrit : « Le nom qu'on lui donne ici « *impôt indirect* » annonce qu'il n'est point supporté par ceux sur lesquels il semble être directement établi, et cela est vrai, comme on le verra dans les chapitres suivants ; lors même qu'il paraît totalement étranger aux propriétaires fonciers, il retombe sur eux et à grands frais, car il leur coûte toujours beaucoup plus qu'il ne rend au souverain ; il leur occasionne même des pertes sèches, dont personne ne profite, des diminutions progressives de la masse commune des richesses disponibles, dans lesquelles le souverain doit partager et qui sont la mesure de sa puissance politique.

Tout impôt est payé par le produit des terres ; tout ce que l'impôt prend sur ce produit, après le partage fait par le souverain forme, un double emploi ; tout double emploi retombe sur les propriétaires fonciers, avec déprédation de la richesse nationale et de tout ce qui constitue la puissance politique de l'État (1). »

Mais Dupont, malgré le très grand désir qu'il peut avoir de faire triompher ses idées physiocratiques, met immédiatement l'Assemblée en présence du fait inéluctable qui la fera tout de suite hésiter. Il faudra en effet, remplacer les impôts indirects que l'Assemblée condamnera et pour cela, augmenter d'autant les impôts directs. Mais il fait réflexion, qu'il n'y a pas là de quoi faire reculer, aussi bien l'Assemblée que le peuple, car ils sont tous deux suffisamment convaincus de leur devoir pour triompher des difficultés dans lesquelles se trouve présentement l'État.

Dupont de Nemours voudrait bien cependant voir ses collègues se décider contre les impôts indirects et tout indique dans ses phrases cette restriction mentale : « Dans le cas où vous voudriez alléger le poids de l'impôt territorial, en préférant les autres, vous déciderez si votre comité a choisi *entre leurs inconvénients* ceux qui sont les moindres.

« Il ne prétend pas vous offrir des projets sans difficultés et sans objections, car il ne croit pas qu'on

---

1. Mercier de la Rivière : « *De l'ordre naturel et essentie l des sociétés politiques* ». Collection des principaux économistes. Les Physiocrates, p...

puisse faire, pour les impositions indirectes, de parfaitement bons projets ; il compte seulement vous proposer ceux qui sont le mieux adaptés aux circonstances qui nous pressent et dans la disposition générale des opinions et des choses, ceux qui sont les meilleurs pour le peuple que nous représentons (1). »

Pour Dupont, si en désespoir de cause on doit conserver les impôts indirects, il ne devra y avoir là qu'une mesure de transition. Il admet donc qu'il faille choisir entre les moins mauvais parmi ces impôts.

Quelles qualités va-t-il exiger d'eux ?

Ils doivent tout d'abord ne pas frapper les objets de première nécessité, il peut être utile de jeter sur ces produits un peu de défaveur de manière à en prévenir l'abus qui conduit au délire et à la dépravation. Et puis il y a là aussi un moyen de rétablir l'équilibre rompu dans la base de l'impôt territorial. De tout temps en effet, on a faiblement imposé les terrains de vignes, car il est peu de récoltes qui présentent un semblable aléa. Certaines années ne produisent absolument rien et par contre certaines autres sont d'une abondance excessive, regrettable, car le prix du vin tombe à des prix vils qui ne permettent même plus de recouvrer les frais nécessaires à la vendange. C'est pourquoi il est impossible de frap-

---

1. *Archives parlementaires*, 1re série, tome XX, page 98.

per les terrains de vignes d'après le capital que représente leur prix d'achat. Cet impôt indirect a donc l'avantage de rétablir l'équilibre en frappant, d'un droit que la vigne ne payera que si elle est en état de le faire, c'est-à-dire au moment de la vente.

On écarterait ainsi le reproche qui peut être fait à nombre d'impôts indirects, à savoir : de frapper une deuxième fois un objet soumis à un précédent impôt.

Autre condition : La nouvelle contribution (1) devra être modérée, car tout impôt indirect qui devient excessif, pousse à la fraude et par ce fait même ne produit pas plus que s'il était fixé à un taux raisonnable.

Mais il doit aussi être très simple et pour cela frapper l'objet soumis à l'impôt, le plus près possible de la production. On objectera que ce qui rapporte le plus, c'est précisément le droit sur le détail. Mais,

1. Si nous parlions le langage de la Constituante il nous faudrait faire une distinction rigoureuse, entre les mots *contributions* et *impôts*. Le mot impôt, disait-on, « est le terme chéri du despotisme ; tandis que celui de contribution appartient à une société libre. »

Dupont de Nemours dans son rapport sur la gabelle, du 14 août 1790, que nous avons eu déjà l'occasion de citer, disait : « La plus salutaire des institutions sociales, c'est le revenu public ; car il faudra désormais bannir le mot d'impôt qui présente l'idée d'une autorité supérieure à la nation elle même. »

réplique Dupont, comment ne voit-on pas que l'impôt sur la vente en détail frappe surtout le pauvre, celui qui ne peut faire que de petits achats, les fonds lui faisant défaut pour s'approvisionner en grande quantité ; et puis rien de plus vexatoire que ces impôts sur la vente en détail qui pour rapporter quelque peu doivent être accompagnés d'une multitude de formalités inquisitoriales. Ce serait vouloir faire revivre les aides avec tous leurs vices. Les citoyens bien intentionnés qui persistent à vouloir des droits sur les reventes, et sur le débit en détail, croient vouloir réformer les aides, mais ne demandent « que leur conservation et leur litigieuse extension sur tout le royaume (1). »

Il faut donc que cet impôt soit unique, c'est-à-dire frappe la première vente seule, ce qui fera supporter l'impôt par tous.

Il doit aussi frapper la totalité des consommateurs, ce qui est le meilleur moyen de le faire paraître plus léger et plus productif à la fois. Par suite, aucune exemption ne doit être accordée, pas même pour les cultivateurs, car il n'y aurait plus alors droit de consommation mais droit de commerce.

L'impôt doit aussi être proportionné à la valeur de la denrée ; frapper toutes les boissons suivant le nombre de muids, sans avoir égard à la valeur du produit

---

1. *Archives parlementaires*, 1re série, tome XX, page 99.

taxé, ce serait là un procédé des plus injustes, car les vins fins et les vins vieux par exemple qui sont réservés aux riches, doivent, selon l'équité, être frappés d'un impôt supérieur au vin ordinaire ; sans quoi on ne ferait qu'aggraver un des plus grands défauts des impositions indirectes et qui réside dans l'impossibilité de ne pouvoir proportionner la taxe au revenu net. Les terres en effet produisent avec plus ou moins de facilité et donnent des résultats parfois bien différents pour un même travail, il s'ensuit que le propriétaire des terres médiocres est proportionnellement beaucoup plus imposé que le propriétaire des meilleures terres. Et c'est précisément le contraire de ce qui devrait se produire.

Tels sont les principes sur lesquels devra reposer le nouvel impôt.

Comment fonctionnera-t-il dans la pratique ?

Se conformant à ces principes, Dupont montre comment le comité est arrivé à la création d'un impôt qui sera perçu d'après un inventaire fait immédiatement après la récolte des vins, cidres, poirés et hydromels.

Ce droit d'après les évaluations du comité rapporterait environ 15 millions, chiffre tout à fait insuffisant de l'avis de Dupont de Nemours. On doit donc chercher une autre ressource. Le comité l'a trouvée dans la création d'un droit de licence qui ressemblera au « *droit annuel* ». Mais ce « *droit annuel* » est d'une injustice flagrante et frappe indifféremment le petit débitant qui vend son vin dans une échoppe à laquelle pend un mauvais bouchon, et le maître d'un grand hôtel. Aussi devra-t-on transformer ce droit, et lui donner le caractère de proportionnalité qui lui manque. On fera varier le taux de l'impôt, à la fois avec l'importance de la localité et la force des maisons de débit.

Un pareil impôt rapporterait environ 6 à 8 millions, ce qui porterait à 20 ou 22 millions la recette de l'État.

On le voit, si Dupont était un adversaire déclaré des impôts indirects, il n'en connaissait pas moins pour cela le moyen de les améliorer ; et l'on doit reconnaître qu'il devenait dans l'espèce un zélé défenseur du plan du comité. Cependant il semble regretter, presque immédiatement, de s'être laissé prendre à un semblable rôle. Aussi reprend-il ses attaques contre un pareil système d'impôt et, craignant de voir ses collègues convertis à sa thèse, il ruine ce qu'il vient d'édifier.

« Les défauts qui restent au plan que le comité vous propose et dont il est aussi frappé que vous, ne tiennent pas à ce plan. Ce sont des conditions malheureusement inévitables du système général des impositions indirectes qui choque toujours dans la pratique tous les défenseurs, tous les partisans de la théorie. Mais le royaume est surchargé de besoins. Un régime longuement abusif, immémorialement vexatoire d'administration, sur les impositions et sur le commerce a constamment dénaturé et avili le prix des productions dans les mains des premiers vendeurs, sans épargne, avec gêne au contraire et tourments pour les consommateurs. Le revenu territorial visible et directement imposable se trouve très inférieur au régime territorial réel qui fournit véritablement à toutes les dépenses publiques et privées. Il faut soutenir et sauver les finances de l'État par les moyens que les hommes, les choses, les événements, les opinions, les préjugés même, laissent à notre portée. Nous n'avons pas le temps d'attendre que les heureux effets de nos travaux aient préparé de meilleures ressources et une plus grande masse de lumière pour les choisir et les employer. Aujourd'hui, la philosophie, la prudence, nos recherches, notre sagesse, les plus grands efforts de l'esprit et de la réflexion, ne peuvent vous conduire à instituer un revenu public dont l'exemple et les détails soient exempts de toute objection raisonnable. Vous aurez très bien fait, lorsque vous aurez fait le moins de mal possible (1). »

Suivait le projet de loi :

« L'Assemblée Nationale a décrété et décrète ce qui suit : Article premier : Tous les droits d'aides et autres à la vente en gros, en détail, et à la circulation

1. *Archives parlementaires*, 1re série, tome XX, page 103.

sur les boissons, savoir (suivait une énumération), seront supprimés à dater du jour où auront été remplies les formalités prescrites par les articles 3 et 4 ci-après, à la seule exception de la portion de ceux des dits droits ci-dessus désignés ou autres qui se perçoivent aux entrées des villes sur les boissons destinées à la consommation des dites villes, par rapport à laquelle l'Assemblée Nationale se réserve de prononcer lorsqu'on règlera les droits d'entrée des villes, et dont la perception continuera sur le même pied jusqu'à cette époque.

« Art. 2. — Il sera établi sur la consommation des vins, cidres, poirés, bières et hydromels, dans l'étendue du royaume, un droit du vingt-cinquième de la valeur. En cas de vente, le dit droit sera payé par l'acheteur avant l'enlèvement et à faute de quoi, cautionné par le vendeur ainsi qu'il sera dit à l'article 7.

« Et en cas de consommation faite par le propriétaire, il paiera le droit d'après celle qu'il aura déclaré entendre se réserver et sur le pied d'une estimation moyenne, dont les règles seront posées ci-après à l'article 6.

« Art. 3. — Pour assurer la perception du dit droit, il sera fait une seule fois par année, dans chaque pays de production, un inventaire général des vins, cidres, poirés et hydromels, dans les six semaines qui suivront la récolte en la forme qui sera réglée par les articles suivants. »

L'article 4 indique l'agent compétent pour faire l'inventaire. Les articles 5, 6, 7 et 8 se rapportent au dit inventaire. Les articles 9 à 14 sont relatifs aux vinaigres et eaux-de-vie.

Art. 15 : « Il sera donné des licences aux débitants de vin, boissons et autres liqueurs, lesquelles tiendront lieu de tout droit de détail, se réserve l'Assemblée Nationale d'en déterminer le prix, selon les localités et l'importance plus ou moins grande des maisons de débit (1). »

L'article 16 supprimait les droits qui étaient perçus à la sortie du royaume, sur les vins, cidres, poirés, bières et hydromels.

Une courte discussion suivit la lecture du rapport. Les uns demandaient l'ajournement indéfini du projet, d'autres prétendaient, Le Chapelier notamment, que le projet conservait ce qu'il y avait de plus destructeur dans le régime des aides. Toutefois comme il reconnaissait l'utilité qu'il y avait à s'occuper du remplacement des aides dont on projetait la suppression, le même Le Chapelier demandait l'ajournement de la discussion à huitaine. Ce fut cette proposition que l'on adopta.

On avait demandé que certains projets qui avaient été soumis au comité de l'imposition fussent exposés à l'Assemblée.

1. *Archives parlementaires*, 1re série, tome XX, pages 104 et 105.

Dupont répondit à la demande de ses collègues et dans un rapport annexé à la séance du 29 octobre 1790, il prit ces différents projets en les critiquant tour à tour, et il en fit ressortir les inconvénients.

Il débutait en exposant à nouveau, mais très brièvement, le projet du comité, en indiquant notamment la raison d'être, du vingt-cinquième de la valeur des boissons pris comme base de la contribution nouvelle, ce chiffre représentant à peu près la différence existant entre l'impôt territorial frappant les terrains plantés en vignes et les autres terrains. Puis il exposait et discutait le projet de Didelot dont il indiquait le plan et montrait ensuite les inconvénients des quatre droits proposés par ce projet et qui étaient : un droit d'inventaire, un droit à la vente en gros, un droit à la vente en détail, un droit d'entrée dans les villes.

Il expose également un projet de Rollin, receveur des aides.

Un projet intitulé : *Les aides modifiées* de Levacher, directeur de la régie générale des aides, et divers autres projets de Milleret, de la Raiterie, de la Roque.

Dupont de Nemours terminait en suppliant ses collègues de repousser le projet du comité de l'imposition lui-même, au cas où ils croiraient possible, en repoussant tous les impôts indirects, d'établir l'équilibre entre les dépenses et les recettes.

« J'ajoute un mot important peur mon cœur et pour mon esprit.

« Quoiqu'il me paraisse démontré que le projet du comité de l'imposition soit à tous égards infiniment préférable à tous ceux qu'on lui a proposés, ou dont on a parlé dans l'Assemblée Nationale, je ne puis pas m'empêcher de supplier et le comité et l'Assemblée d'abandonner même ce projet, pour peu qu'il y ait d'apparence d'établir sans lui le niveau entre les dépenses et les recettes publiques, ou seulement d'approcher de ce niveau, dans les années 1791 et 1792, avec certitude de l'atteindre en 1793, par l'effet des remboursements qu'opérera la vente des domaines nationaux.....

« A quelque point que l'on perfectionne un droit sur les boissons, il est à peu près impossible que les formes indispensables pour en assurer la perception, respectent entièrement la liberté individuelle et commerciale qui est un des éléments les plus précieux de la Constitution. Une telle vérité doit faire l'impression la plus profonde sur les législateurs.

« Des motions multipliées dans l'Assemblée Nationale et la nécessité publique ont paru commander pour remplacer les aides actuels, un droit de consommation sur les boissons, étendu à tout le royaume ; le comité de l'imposition m'a chargé en conséquence de recueillir toutes les vues et proposer un plan. Je crois l'avoir fait le plus doux, le plus égal, le plus juste, le mieux proportionné qu'il soit possible aux besoins, aux moyens, aux ressources ; mais les défauts m'en paraissent très sérieux encore et la plupart de ceux qui les critiquent sont loin d'en être aussi affligés que moi. La rédaction de ce projet n'a pas été un des moindres sacrifices que j'ai faits à cet amour du salut de l'État, devant lequel toutes les opinions, toutes les affections, tous les intérêts, toutes les opinions personnelles doivent plier.

« Je n'oublierai jamais avec quelle cordialité, avec quelle bonté, avec quelle tendresse, mes compagnons me pressant contre leur sein, le jour qu'ils ont daigné m'élire, me disaient : Allez, homme de bien, que Dieu vous bénisse et que les États Généraux détruisent les gabelles et les aides. Ils ne prévoyaient pas tous les bienfaits de la Constitution, mais ils y voyaient éminemment celui de la liberté domiciliaire.....

« Pardonnez-moi, Français, si, dans le bonheur de l'empire auquel je serai toujours prêt à immoler ma vie, l'idée de la satisfaction particulière et de la félicité spéciale du département, du district, du village où l'on m'aime, porte dans mon âme une émotion plus vive, amène à mes yeux de plus douces larmes (1). »

On voit, par la fin de ce travail, combien Dupont

---

1. *Archives parlementaires*, 1re série, t. XX. Première annexe à la séance de l'Assemblée Nationale du 29 octobre 1790.

était convaincu et attaché au bien public. Pour lui, les impôts indirects foncièrement préjudiciables au roi comme au peuple devaient être exclus du régime fiscal et pour parvenir à ce résultat Dupont fait tous les sacrifices. On juge en effet par la sincérité qui se sent à la fin de son étude, de ce que dut lui coûter un semblable travail. Il a conscience que la suppression des impôts indirects fera un vide énorme dans le budget, mais il va jusqu'à se faire illusion à lui-même en espérant qu'il sera possible de combler ce vide à l'aide d'impôts nouveaux et cela malgré les exemples tous les jours plus nombreux, de refus de payer du peuple. Bien plus, il va même jusqu'à espérer que la balance pourra se trouver exacte, que le niveau qui ne sera peut-être pas absolument atteint en 1791, sera une chose faite en 1793, et croyant déjà à la réalité de ce rêve il demande à ses collègues de repousser le projet du comité qu'il a cependant mission de défendre.

Et voilà bien, du reste, le but qu'il cherchait à atteindre, le but qui explique toute sa conduite dans la circonstance, et qui excuse cette conduite.

On sait ce qui advint des aides quelques mois plus tard.

Nous avons vu que par un troisième décret du 22 septembre, l'Assemblée avait confirmé les décrets précédents dans lesquels elle maintenait le droit des aides et en exigeait le paiement jusqu'à ce qu'elle eût définitivement statué sur le mode des contributions publiques.

Le 22 décembre l'Assemblée toujours indécise, craignant encore les conséquences de la suppression des aides, n'osant pas prendre la responsabilité d'un pareil acte mais n'attendant qu'une nouvelle manifestation de l'opinion publique pour réaliser cette réforme, promulgua un quatrième décret faisant appel à la raison publique.

Les besoins de l'État, disait-elle, ne permettaient aucune interruption dans la perception des revenus publics, et le remplacement des impôts indirects ne pouvait avoir lieu que successivement et à mesure qu'elle aurait pu déterminer le régime nouveau. Elle ordonna, en conséquence « que toutes les impositions indirectes fussent perçues à compter du 1er janvier 1791 au nom et au profit de l'État, jusqu'à l'époque très prochaine, où l'Assemblée Nationale aura successivement prononcé leur suppression ou modification, en organisant les diverses parties des contributions publiques et les octrois, au nom et au profit des villes, communautés, hôpitaux, jusqu'au moment où l'Assemblée Nationale aura statué sur les dépenses des dites villes, communautés et hôpitaux (1). »

Mais, ni les sages mesures de ces nombreux

1. *Recueil de Duvergier*.

décrets, ni les engagements réitérés qu'aurait pris l'Assemblée de modifier les impôts, ni les besoins toujours croissants de l'État ne purent empêcher que le moment où les impôts devaient disparaître, arrivât.

Qu'était-il d'ailleurs besoin d'impôts, n'avait-on pas la planche aux assignats? A cette époque, en quatorze mois, on en avait déjà émis pour deux milliards et demi.

Cédant à ses penchants et à la pression de l'opinion, l'Assemblée par un décret du 2 mars 1791 supprima les aides.

« Décret portant suppression de tous les droits connus sous le nom de droits d'aides, de toutes les maîtrises et jurandes et établissement de patentes.

Article 1er. — A compter du 1er avril prochain, les droits connus sous le nom de droits d'aides, perçus par inventaire ou à l'enlèvement, vente ou revente en gros, à la circulation, à la vente en détail sur les boissons, ou connus sous le nom d'impôts et billots et devoirs de Bretagne, d'équivalent du Languedoc, de Marphaneng en Alsace, le privilège exclusif de la vente des boissons dans les lieux qui y étaient sujets, le droit des quatre membres et autres de même nature, perçus dans les ci-devant provinces de Flandre, Hainaut, Artois, Lorraine et trois évêchés ; le droit d'inspecteur aux boucheries et tous autres droits d'aides ou réunis aux aides, et perçus à l'exercice dans toute l'étendue du royaume ; les droits sur les papiers et cartons, le droit maintenant perçu sur les cartes à jouer, et autres dépendant de la régie générale, même des droits perçus pour les marques et plombs que les manufacturiers et fabricants étaient tenus de faire apposer aux étoffes et autres objets, provenant de leurs fabriques et manufactures, sont abolis. »

Le décret comportait 28 articles, et on lisait à l'article 7 : « A compter du 1er avril prochain, il sera libre à toute personne de faire tel négoce ou d'exercer telle profession ou tel métier qu'elle trouvera bon, mais elle sera tenue de se pourvoir auparavant d'une patente, d'en acquitter le prix, suivant le taux ci-après déterminé et de se conformer aux règlements de police qui sont ou pourront être faits (1). »

Ainsi disparaissaient les aides et étaient créées les patentes. L'influence exercée par Dupont ne s'étendit pas si loin. On le voit, il n'était plus question du projet d'impôt sur les boissons qu'il avait bâti, à regret il est vrai, mais avec science cependant. Il en avait été un trop bon avocat sans doute.

---

1. *Recueil général annoté des Lois, Décrets, Ordonnances*, etc., depuis le mois de juin 1789 jusqu'au mois d'août 1830 avec des notices, par MM. Odillon-Barrot, Vatimesnil, Ymbert, publié par les rédacteurs du *Journal des notaires et des avocats*, Paris, 1834. Au bureau de l'administration du *Journal des notaires et des avocats*, rue de Condé, 10.

Les patentes furent destinées à produire au Trésor ce que les aides lui avaient apporté jusque-là. A tout considérer, ce genre d'impôt devait être encore préféré par Dupont à l'impôt qu'il avait proposé lui-même. C'était là, en effet, le remplacement d'un impôt indirect par un impôt direct qui, lui, ne comportait pas les vices inhérents aux impôts indirects d'après l'école physiocratique.

Cela ne réalisait cependant pas le rêve de Dupont, puisque l'on portait atteinte à l'unité d'impôt. Toujours est-il que nous ne trouvons nulle trace de la présence intéressée de Dupont soit lors de la préparation, soit lors de la discussion de cet impôt des patentes. Il est probable qu'il accepta simplement ce nouveau projet qui devait permettre d'augmenter dans une forte proportion les revenus de l'État.

CHAPITRE V

LES OCTROIS

Si Dupont eut assez d'abnégation pour accepter la charge de défendre un impôt sur les boissons, dont il était ennemi convaincu, nous allons voir qu'il en fut de même relativement aux droits d'octroi. C'était précisément parce que Dupont s'en était montré ennemi, que l'Assemblée l'avait désigné pour dresser le projet de modification des octrois, prétendant que Dupont préparerait d'autant mieux ce travail, qu'il avait indiqué les inconvénients de l'impôt en question.

Mais voyons d'abord quel était l'état d'esprit de la Constituante au moment où Dupont allait lui présenter son rapport; quelles étaient les instructions que les députés avaient reçues de leurs commettants au sujet des octrois ?

Les octrois étaient des droits perçus sur divers objets de consommation à leur entrée dans les villes. En 1645, Mazarin en avait donné le produit entier à l'État. Puis Colbert en 1663 divisa leur produit partie entre l'État, partie entre les villes.

Lorsqu'un nouveau droit était créé, il devait être accepté par les habitants de la ville qui allaient avoir à supporter le nouveau droit, et octroyé par le roi, d'où le nom d'octroi (1).

Ces droits d'octroi semblaient donc devoir être confondus avec les droits d'aides. Cependant les cahiers des États Généraux eurent des attitudes bien différentes envers les uns et les autres de ces droits ; alors qu'ils étaient à peu près unanimes pour réclamer la suppression des aides, ils demandèrent le maintien des octrois. Nous connaissons déjà la raison de cette différence d'appréciation. Elle venait de ce que chaque ville se plaçant à son point de vue particulier, voulait maintenir une catégorie de droits qui procurait le plus clair de son revenu. Trois cahiers seulement de la noblesse et treize du tiers en avaient demandé la suppression.

Mais il était un point spécial sur lequel on avait insisté quelque peu, c'était l'utilité de faire toucher tous les droits par les villes et de n'en rien retrancher au profit du roi.

En somme les cahiers ne s'en étaient occupés que

---

1. BRISSAUD : *Cours d'histoire général et du droit français public privé*, t. I, page 856.

pour en demander leur transformation. On aurait voulu notamment, qu'il y eût plus d'égalité et plus de proportionnalité dans l'impôt.

Le très petit nombre en critiquait le principe. C'est pourquoi l'Assemblée Nationale, forte de cette manifestation de l'opinion publique, tint la main à la perception régulière de ces droits, et non contente de son décret du 17 juin 1789, qui, après avoir supprimé tous les impôts, les rétablissait provisoirement, elle crut devoir rendre un décret spécial concernant les droits d'octroi et les droits d'aides. C'est le décret du 25 janvier 1790, dont nous avons eu déjà l'occasion de parler.

Le décret du 15 mars suivant, qui proclamait l'abolition des droits féodaux et la suppression des droits seigneuriaux maintint spécialement les octrois.

Mais dans nombre de villes on refusait de payer ces droits sous prétexte qu'ils avaient été abolis par le décret du 17 juin 1789. L'Assemblée, à l'occasion de troubles qui avaient eu lieu à ce sujet à Dax, publia un nouveau décret le 11 avril 1790. « Décret qui autorise la continuation de la perception du droit d'octroi dans les villes.

« La ville de Dax, ainsi que toutes les autres villes du royaume, sont autorisées à continuer de percevoir les droits d'octroi, sans avoir besoin de lettres patentes, ni d'autre titre que ce présent décret (1). »

1. *Recueil de Duvergier.*

Malgré les décrets du 28 janvier et du 11 avril 1790, l'Assemblée fut informée que la résistance à la perception des droits d'octroi n'en persistait pas moins.

Ayant appris notamment que certaines villes de Picardie avaient vu leurs contribuables se coaliser dans le but de ne pas payer les impôts, l'Assemblée décida, le 4 août, que spécialement les octrois de ces villes continueraient d'être perçus tels et de la manière qu'ils l'étaient l'année précédente, jusqu'à ce qu'il en ait été autrement ordonné. »

Ce décret ne suffit pas pour faire cesser l'opposition et le refus de ces villes, c'est pourquoi un autre décret du 10 août généralisa les dispositions de celui du 4.

L'Assemblée avait donc à lutter continuellement pour parvenir au maintien de ces droits, comme elle avait dû le faire pour le maintien des droits d'aides. On posa alors la question de savoir si ces droits devaient ou non être conservés, et ce fut Dupont qui eut à présenter un rapport sur ce point, au nom du comité de l'imposition.

Ce rapport fut présenté à l'Assemblée dans la séance du 10 février 1791. Nous ne pouvons mieux le comparer qu'au rapport étudié précédemment portant sur les aides. La situation est la même : Un physiocrate ennemi des impôts indirects doit précisément soutenir devant ses collègues un de ces impôts. Comment s'y prendra-t-il ? Avec la plus parfaite bonne foi, il cherchera à le présenter sous son jour le plus favorable, en commençant par en combattre le principe dans son introduction et en achevant de le discréditer dans sa conclusion. Résultat ? Le projet n'est pas pris en considération et ce qui est mieux encore, les membres de l'Assemblée refusent d'en entendre lecture.

Dès le début Dupont se lance dans ses théories physiocratiques.

« Ces taxes sont aussi, et comme toutes les autres, des impôts déguisés sur les campagnes » or nous savons ce qu'il nous faut penser de semblables impôts. Et Dupont qui tient à prouver ce qu'il avance, démontre que par un nombre de détours, plus ou moins grands, c'est la terre qui en définitive supporte ces droits.

Les habitants des villes vivent en général de revenus déterminés. Les uns dépensent les fermages de leurs terres, l'intérêt de leurs capitaux, les honoraires de leurs emplois, et n'ont pas autre chose à dépenser; les autres reçoivent des salaires, en font des gains; et ces gains, ces salaires des commerçants détailleurs, des artisans, des ouvriers, des domestiques qui viennent participer dans les villes, pour prix de leurs utiles travaux, à la distribution de richesses que les propriétaires de revenus y exercent, ne peuvent être pris que sur la dépense de ces propriétaires.

« Il y a quelques commerçants qui se livrent à l'entrepôt et aux spéculations, dont les profits s'étendent sur la dépense des propriétaires de plusieurs villes ; et quand ils se portent jusqu'au commerce étranger, ils sont balancés du plus au moins par les profits que les commerçants étrangers font sur les marchandises qu'ils donnent en retour.

Il y a des manufactures et des fabricants; mais un homme qui fait des étoffes vit de son gain précisément comme un homme qui de ses étoffes fait des habits ; comme un homme qui les use à des jeux frivoles pour amuser des spectateurs ; comme un maçon qui construit un mur, et ce gain que les agents de tous les services utiles et agréables font les uns sur les autres, ne peut, en dernière analyse, être payé que par les gens à qui la terre, les mines, les carrières ou la pêche donnent un revenu, et dont ceux qui préfèrent la variété des jouissances à leur douce intensité, se réunissent dans les villes avec les principaux fonctionnaires publics. Il faut bien remarquer ce principe fondamental et d'une incontestable vérité, qu'aucun de ces propriétaires ni de ces fonctionnaires ne peut dépenser plus qu'il n'a ; et que les artisans qu'ils font travailler, les commerçants qui les approvisionnent, ne peuvent gagner ni par conséquent dépenser à leur tour, qu'en raison de ce que les propriétaires de revenus dépensent.

La consommation des villes estimée en argent, est

donc invariablement bornée, au revenu que les propriétaires qui s'y rassemblent, tirent de leurs capitaux, de leurs terres, de leurs ventes ou de leurs emplois. Lorsque l'on met des taxes sur les denrées, qu'eux et leurs salariés consomment, qu'est-ce à dire ? Que l'on fera renchérir leurs subsistances et augmenter le prix de leur consommation ? Non, car sur leurs moyens bornés, ils ne peuvent pas payer plus de consommations ni des consommations plus chères.

Quelle est donc la chose que l'on fait ? On prend une partie du prix de leur consommation et on la retranche aux vendeurs de productions et de marchandises, qui les apportent ou les envoient débiter à la ville.

L'effet de cette opération ne se borne point là. C'est dans les marchés que se règlent les prix des productions, par la concurrence qui s'y établit, tant entre les vendeurs qu'entre les acheteurs, et les marchés se tiennent dans les villes où les besoins sont les plus multipliés et où un plus grand rassemblement d'hommes et de richesses fait affluer les vendeurs qui viennent y chercher un débit meilleur et plus assuré. Les prix des villes et surtout ceux des grandes villes où sont les principaux marchés, règlent et fixent donc les prix des productions de tout le royaume ; car on ne peut pas vendre dans les campagnes plus cher qu'à la ville, au moins de toute la valeur des frais de voitures. Il en résulte que la perte éprouvée par les vendeurs de productions et de marchandises, en raison des taxes mises à l'entrée de leurs marchandises et de leurs productions dans les villes, s'étend sur la totalité des productions et des marchandises du royaume, ce qui diminue la valeur totale des récoltes d'une somme autant au-dessus de l'impôt perçu à l'entrée des villes, que la consommation du royaume est au-dessus de la consommation des villes.

La perte qu'essuient l'agriculture et les manufactures par ces fortes taxes est donc infiniment supérieure au produit que les villes ou le fisc en peuvent retirer.

Tels sont, messieurs, les principes très certains qui militent contre l'établissement des taxes à entrée des productions et des marchandises dans les villes, qui en amèneront un jour la cessation absolue, qui devraient l'amener dès aujourd'hui, si la répugnance pour l'imposition foncière était moins puissante mais qui doivent du moins porter à les modérer beaucoup, lorsque les dispositions que les circonstances prescrivent à la majorité des représentants de la nation, et l'opinion publique obligent de chercher, dans une perception de ce genre, une des ressources des revenus de l'État (1). »

1. *Archives parlementaires*, 1ʳᵉ série, tome XXIII, p. 88 et 89, séance du 10 février 1791.

Mais il y, a dit-il, des partisans convaincus des droits d'octroi et qui fournissent de nombreuses raisons en faveur de leur thèse. Ils disent notamment : Les villes sont d'un précieux secours pour les campagnes, puisqu'en y apportant sa marchandise, le producteur est certain d'en trouver un rapide écoulement, rien que de juste par conséquent à ce que les villes fassent payer aux campagnes cet avantage qu'elles leur procurent.

Les villes, d'autre part, étant la résidence des plus riches, il y a là un moyen de frapper la fortune des riches, dont une partie parvient toujours à se soustraire à l'impôt.

C'est aussi un impôt sur les étrangers qui affluent toujours dans les villes.

Enfin les taxes à l'entrée des villes ont cette supériorité de frapper les seuls produits qui bénéficient des avantages que présentent les villes et de s'étendre proportionnellement au moyen d'action de la ville.

Cette théorie rencontre quelques objections.

Certains ont dit que les droits d'octroi devaient être les mêmes dans tout le royaume et que la différence dans leur produit devait venir uniquement de ce que 100.000 hommes consomment 100 fois plus que 1.000.

Il y a là une grave erreur, car ni les ressources, ni les moyens ne sont pourtant les mêmes, car le territoire qui alimente les villes n'a pas toujours et la même étendue et la même richesse, pas plus que les propriétaires n'y possèdent la même quantité de fortune et le même genre de fortune.

Le comité proposera donc de proportionner à la population et à la richesse des villes les taxes qui devront être établies à leur entrée.

Au reste cela existait, par suite d'un calcul du génie fiscal qui était loin d'être désintéressé.

On aurait compris, en effet, que frapper les grandes villes et les petites d'un tarif uniforme, ce serait obtenir des premières bien moins qu'elles ne peuvent donner, et que les petites n'auraient jamais le nombre d'agents suffisants pour surveiller la perception, ou que le paiement de ces agents ferait disparaître le plus clair revenu des terres. On aurait en général poussé dans chacune d'elles la perception jusqu'où elle pouvait aller ; l'impossibilité de demander davantage avait été la seule limite, et la plupart des villes s'étaient trouvées imposées à leurs entrées avec excès mais par des tarifs gradués avec une certaine proportion.

Le comité conserve les octrois car il est à peu près certain que s'il proposait de les remplacer par des sous additionnels à la contribution foncière par exemple, la plupart des villes protesteraient immédiatement.

« Toutes les villes crient contre les octrois ou les taxes à leurs entrées, et sur les consommations. Mais toutes les villes veulent des octrois, du moins pour leurs besoins municipaux et toutes sont accoutumées à en payer aussi pour le Trésor national, elles répugneraient à une autre manière de fournir à l'État le même revenu ou même un revenu moindre (1). »

Le comité n'a donc que l'intention de remanier les droits d'octroi. Il propose tout d'abord qu'on en réduise le produit et que l'on ramène de 46 millions à 26 millions la part que devra prélever l'État.

Le comité tient à ce que cet impôt soit exclusivement un impôt de consommation, et à ce qu'il ne frappe en aucune façon le commerce; il demande que les marchandises qui ne peuvent contaminer les villes et qui sont obligées de les traverser, soient exemptes de tout droit et que les marchandises qui ne sont pas destinées à la consommation, mais seulement au commerce et à l'entrepôt ne soient frappées d'aucune taxe.

« En deux mots, réserver à chaque ville, selon sa localité, la liberté de commerce, de spéculation, d'importation et de réexportation, imposer la consommation de chaque ville par des taxes à l'entrée, dont le tarif soit proportionné à la richesse du pays qui concourt à son approvisionnement et sur la culture et les manufactures duquel la taxe d'entrée retombe

---

1. *Archives parlementaires*, 1re série, tome XXIII, page 92, séance du 10 février 1791.

inévitablement en définitive. Tels sont les flambeaux dont votre comité a toujours tâché d'éclairer sa marche ; il avoue que, malgré eux, elle a été embarrassée et ralentie par des difficultés de toutes espèces. » (1)

Il était en effet impossible de se fixer sur les tarifs existants. Certaines villes avaient dû les augmenter pour arriver à payer les dépenses supplémentaires de la guerre, comme le logement des troupes par exemple, d'autres avaient avancé des fonds à l'État pour obtenir le droit de lever des taxes spéciales. C'est ainsi que la ville de Lyon exigeait que toutes les soies venant de l'étranger fussent sensées passer par l'octroi de Lyon. Avant de supprimer un droit aussi exorbitant, il fallait songer à indemniser cette ville des avances qu'elle avait faites à l'État.

Où les difficultés ont été des plus épineuses, c'est lorsqu'il a fallu faire une classification entre les villes, en tenant compte et de leur population et de leur richesse.

Le comité s'est arrêté au nombre de huit classes, depuis Paris, la « ville sans pair », jusqu'aux villes de 2.500 habitants ; et dans chacune de ces catégories on s'est attaché à détaxer les produits destinés à satisfaire les besoins essentiels des classes pauvres.

« La maxime de l'ancien gouvernement et de l'an-

---

1. *Idem.*

cienne finance, maxime odieuse qui avait enfanté la gabelle et les droits de détail sur les boissons, était que *les taxes de consommation devaient porter sur la dépense des pauvres*, qui les rendaient plus productives, parce que les pauvres sont nombreux. La maxime de votre comité, la vôtre, celle de la constitution, est que les taxes de consommation ne doivent pas demander au pauvre, l'avance d'un « argent qu'il n'a pas et que le riche pourrait ne lui restituer que tard. Cette maxime de la raison et de la philosophie est qu'il faut soulager le pauvre, parce qu'il est sacré : « Sacerrima res homo miser ». L'histoire vous rendra témoignage que vous êtes les premiers législateurs fiscaux qui n'ayez jamais perdu cet axiome de vue (1). »

Mais comment devra-t-on s'y prendre pour arriver à connaître et le chiffre de la population et le degré de chacune des villes ? Ce sera bien délicat.

« Car on se trouvera entouré de pétitions et de prétentions d'un genre précisément inverse de celles dont votre comité de constitution et de division du royaume a été assiégé, lorsqu'il a fallu désigner les chefs-lieux des départements et des districts et l'emplacement des tribunaux. Il n'y avait pas une ville alors dont les députés n'exagérassent les ressources,

---

1. *Archives parlementaires*, 1re série, tome XXIII, page 94 séance du 10 février 1791.

la commodité, les facultés, où ils ne montrassent un grand nombre de citoyens vivant dans l'aisance et propres, par leur fortune comme par leurs études, à se livrer à tous les travaux de l'administration et de la judicature. Lorsqu'il s'agira des taxes d'entrée, il semblera qu'en moins d'un an, la population de ces villes soit diminuée de moitié; que l'aisance ait totalement disparu, qu'il n'y ait plus de moyens d'aucune espèce (1). »

Toutefois on pourra trouver la moyenne de la population, à l'aide des registres de l'état civil qui, depuis quelques années, comprennent les non-catholiques et l'on fixera la richesse des villes en se basant sur leur opulence, ce qui sera indiqué par le revenu des vingtièmes qui étaient fixés d'après la valeur des maisons.

Mais il ne doit y avoir aucune interruption entre l'application du tarif nouveau et la disparition de l'ancien. Celui qui va disparaître ne cessera d'être appliqué par une ville, que le jour où celle-ci recevra son nouveau tarif.

Il se pourra que le droit d'octroi donne un produit supérieur à ce qu'on en attendait, l'État en devra une récompense à la ville qui aura une plus-value de perception et cette récompense se trouvera dans une diminution de l'impôt foncier devant frapper cette même ville l'année suivante.

1. *Idem.*

Il se peut au contraire qu'il y ait un déficit ; le comité a trouvé une sanction qui présente de grands avantages, on balancera le déficit par une addition de sous ou de deniers pour livre aux contributions foncières et personnelles de la ville dont les octrois n'auront pas donné un produit suffisant. Et ce sera le meilleur moyen de repousser la contrebande, car l'intérêt de chacun se trouvera en jeu, puisque les contribuables qui profiteront de la contrebande seront frappés du fait qu'ils verront les impôts fonciers et personnels augmenter en proportion du déficit causé par la contrebande elle-même, dans le revenu des octrois.

Le comité entend ne pas refuser aux villes la possibilité d'ajouter des sous pour livre aux tarifs d'octroi, mais elle tient à ce que ce droit soit limité, pour que l'excès ne fasse pas prime à la contrebande ce qui, d'après le système proposé, ferait augmenter d'autant les impôts indirects. Par suite « il ne pourra être mis au profit des villes, sur les taxes nationales d'entrée, de sous pour livre additionnels sur aucune denrée ni sur aucune marchandise que jusqu'à concurrence au plus d'une somme égale à celle dont la perception sera ordonnée par le tarif sur cette même production ou cette même marchandise (1). »

1. *Archives parlementaires*, 1re série, tome XXIII, page 96 Séance du 10 février 1791.

Dupont de Nemours achevait son rapport en indiquant à ses collègues que le comité de l'imposition (ou tout au moins lui, dans ce comité) estimait que ce projet préparé avec le plus grand soin cependant était loin d'être parfait et qu'il ne le soumettait à leur approbation que sous les plus expresses réserves.

« Vous êtes trop éclairés, messieurs, pour ne pas voir les défauts qui existent encore dans plusieurs branches du système d'imposition que la nécessité publique nous contraint d'adopter ; vous êtes trop honnêtes pour les dissimuler, mais en rasant l'écueil, il est digne de vous d'y mettre un fanal à l'usage de nos successeurs, il est de votre devoir envers vos commettants de leur montrer que vous avez manœuvré avec le plus de sagesse qu'il vous a été possible, le vaisseau de l'État.

Ainsi votre comité doit terminer aujourd'hui son travail en vous observant qu'il n'a pas dépendu de lui de faire que les taxes à l'entrée des villes fussent une bonne imposition, et qu'il ne dépend ni de lui, ni de vous d'empêcher qu'à l'époque actuelle l'opinion publique ne décide l'établissement ou plutôt la conservation de ces espèces de taxes que l'on croit propres à diminuer la contribution foncière, quoiqu'elles en soient une véritable et nuisible augmentation.

Ce qui dépendait de lui était d'en rechercher les

principes, de soumettre à des règles de justice, de prudence, de convenance, cette institution qui ne peut encore être anéantie; d'y réunir la fiscalité qu'exigent les besoins publics, avec la proportion, la modération, la commercialité, l'humanité qui sont conformes à vos maximes.

Ce qui dépend de vous est de faire en sorte que les intérêts du commerce soient ménagés, que la contribution soit proportionnée, en chaque ville, et aux moyens que les habitants ont d'en faire l'avance, et aux facilités ou difficultés locales de la perception ; d'empêcher qu'aucune ville puisse, même sous cette forme obscure, être imposée au delà de ce que la nation aura jugé qu'elle doit l'être ; de faire sortir, avec une exacte précision, le soulagement des contribuables de tout excès imprévu dans la recette; d'intéresser tout le monde à l'exécution de la loi; enfin de conduire nécessairement l'opinion générale à flétrir et à repousser la contrebande, que les anciennes institutions induisaient au contraire à favoriser.

Ce que pouvait faire votre comité de l'imposition il a tâché de le faire. Fondé sur l'esprit patriotique que vous avez déployé dans vos décrets précédents, il espère que ce que vous pouvez de votre côté sera fait ; et il résume dans le projet de décret qu'il a l'honneur de vous présenter les dispositions fondamentales nécessaires à l'établissement de la branche de revenu public que vous l'avez chargé de vous proposer dans ce rapport (1). »

Dupont de Nemours avait élaboré un projet de décret dont l'article 1er disait :

« Article premier. — Il sera établi, au profit de l'État, à l'entrée des villes dont la population n'est pas au-dessous de 2.500 âmes et sur quelques-unes des productions et des marchandises que les habitants aisés ou riches consomment le plus généralement, des taxes, combinées de manière que les pauvres puissent vivre sans être assujettis à presque aucune d'entre elles et que le commerce de transit, ainsi que les principales branches du commerce d'entrepôt, ne puissent en souffrir (2). »

D'après l'analyse que nous venons de faire du rapport de Dupont de Nemours, on peut voir que le projet du comité réalisait de très sérieux progrès. Mais il était à peu près jugé par l'Assemblée, avant même que lecture lui en eût été donnée. Il fut très violemment attaqué et ne fut soutenu par personne. L'opinion publique ne voulait du reste pas en entendre parler et le journal *Les Révolutions de Paris* reflétait l'état d'esprit général en disant que ces droits d'octroi étaient odieux au peuple, attendu qu'ils ne

---

1. *Archives parlementaires*, 1re série, tome XXIII, séance du 10 février 1791, page 97.

2. *Idem.*

pouvaient être perçus qu'en soumettant les citoyens à une inspection honteuse et qu'ils renchérissaient les conditions de la vie pour les classes pauvres. Et il ajoutait que ces classes pauvres ne compteraient le règne de la liberté, que du jour où elles n'auraient plus à payer les droits d'entrée.

De Boislandry dans la séance du 25 février demanda que les droits d'entrée fussent de suite et entièrement supprimés.

« Vous avez détruit les droits sur les cuirs, sur les fers, sur les huiles, sur la gabelle, etc… Eh bien! tous ces impôts étaient moins funestes à la prospérité du royaume, ils réunissaient moins de vices que les entrées des villes. Les droits d'entrée frappent sur les besoins journaliers, beaucoup plus que sur les facultés ; ils provoquent la contrebande, ils nécessitent des perquisitions aux portes de toutes les villes et quelquefois des visites domiciliaires. La perception en est très coûteuse… Ils sont nuisibles à l'agriculture en diminuant la consommation des villes.

En proposant de maintenir cet impôt, le comité paraît avoir l'intention de ménager les terreurs des propriétaires qui craignent que les biens-fonds ne soient trop chargés… Mais je demanderai s'il est juste, s'il est constitutionnel que les villes soient chargées d'un impôt particulier envers le Trésor national. Ce système était tolérable autrefois, parce que les villes étaient presque toutes exemptes de la taille ou de quelque autre impôt dont les campagnes étaient grevées, parce que plusieurs d'entre elles jouissaient de grands privilèges ; mais il n'en sera pas ainsi à l'avenir. »

Puis se plaçant sur un terrain plus brûlant, mettant en jeu la Constitution elle-même et la représentant comme en péril, si ce projet était maintenu, il n'eut aucune peine à entraîner ses collègues : « Voulez vous consolider à jamais la Révolution ? Voulez-vous que la Constitution soit inébranlable ? Conciliez-vous les habitants des villes. Jusqu'à présent vous avez tout fait pour les campagnes, et vous le deviez, parce qu'elles étaient les plus opprimées. Le nouvel ordre de choses a causé aux habitants des villes, des pertes immenses, il est temps de leur accorder, non pas une faveur, mais une justice en supprimant les droits d'entrée. » Et cela est urgent « car cet impôt sera, entre les mains des ennemis de la Révolution, une arme sûre dont ils se serviront pour soulever le peuple des villes contre la Constitution. Vous payez, lui diront-ils, des droits énormes sur les vins et sur les objets de première nécessité, vous êtes honteusement fouillés aux portes des villes. A quoi donc vous sert votre liberté ?

« Attachez-vous à nous, nous ferons supprimer tous les droits d'entrée et c'est alors que vous pourrez vous glorifier d'être véritablement libres (1). »

1. *Archives parlementaires*, 1re série, tome XXIII, séance du 25 février 1791.

De Boislandry avait frappé juste, si bien qu'au moment où l'on commença à discuter les finances de l'année 1791, on proposa de réaliser l'équilibre, sans tenir compte des droits d'octroi. C'était nettement indiquer que l'on tenait absolument à leur suppression.

Le Chapelier reprenant le puissant argument de du Boislandry, déclara: « C'est par la mauvaise organisation de l'impôt, c'est par des alarmes qu'on répand dans le public que les ennemis de la Constitution pourraient réussir. Or, quand on va voir que vous avez établi les droits de timbre, d'enregistrement, de patentes et que les droits d'entrée subsistent toujours, cela peut donner extrêmement d'inquiétude. » Il terminait en demandant que les droits perçus à l'entrée des villes, bourgs ou villages, fussent définitivement supprimés.

L'Assemblée n'hésita pas à se rendre à pareille proposition et le 17 février elle promulguait un décret portant la date du 19, ainsi conçu :

« Décret qui supprime les droits d'entrée à compter du 1er mai 1791.

« L'Assemblée nationale décrète que tous les impôts perçus à l'entrée des villes, bourgs et villages seront supprimés à compter du 1er mai prochain.

« Charge son comité de lui présenter sous huit jours au plus tard les projets d'imposition qui compléteront le remplacement des impôts supprimés et qui étaient perçus au profit de la nation, des hôpitaux ou des villes, de manière à assurer les fonds nécessaires pour faire face aux dépenses publiques de l'année 1791. »

La joie que Dupont de Nemours dut éprouver de cette suppression d'un autre impôt indirect, ne fut certainement pas absolue, car, en homme ayant conscience de ses responsabilités, il prévoyait la difficulté qu'il allait y avoir à remplacer cette grosse partie du revenu public. Il avait lui-même indiqué dans son rapport combien il sentait l'impossibilité de supprimer cette source de revenus, étant données les circonstances présentes.

Ce fut La Rochefoucauld qui fut chargé de cette tâche difficile, mais il n'y parvint qu'en demandant à la Chambre, d'affecter une nouvelle ressource extraordinaire au budget de l'année 1791. Il avait, par une série de calculs, réduit d'une dizaine de millions le déficit, et il comblait le déficit restant, en attribuant à l'exercice de 1791, dix millions de plus sur le produit de la vente des sels et tabacs en magasin.

Il achevait ainsi son rapport : « Au sortir d'une Révolution heureuse, mais dont la secousse a été générale, dont toutes les fortunes ont souffert ou cru souffrir, il faut laisser rasseoir les esprits et les passions, il faut craindre de porter les taxes au delà des besoins (1). »

1. *Archives parlementaires*, 1r série, tome XXIV, séance du 15 mars 1791.

Ces calculs et ces concessions aux exigences des contribuables n'illusionnaient certainement pas Dupont de Nemours qui, heureux de triompher dans un certain sens, devait certainement souffrir de voir la Constituante n'accepter qu'une partie de ses idées, et refuser de le suivre dans son plan de reconstitution des finances.

CHAPITRE VI

LE TABAC

Il nous reste à voir ce que pensait Dupont de Nemours d'un impôt indirect également supprimé par la Constituante et qui par son caractère particulier aurait pu trouver grâce, semble-t-il, devant l'Assemblée.

Le monopole du tabac qui avait été créé en 1674, était exploité en 1789 par la ferme générale, et rapportait alors environ 10 millions. Ce monopole avait entraîné l'interdiction de la culture du tabac, sauf pour certaines provinces qui jouissaient de ce privilège. L'Alsace, la Franche-Comté, l'Artois, la Flandre, le Cambrésis, le Hainaut, le pays de Gex, le territoire de Bayonne (1).

Un impôt frappant un objet qui avait pour but de satisfaire un besoin des plus factices, semblait devoir

---

1. Gomel Charles : *Histoire financière de l'Assemblée Constituante*, 1897, tome II, page 412.

être considéré comme supportable par les contribuables. Cependant, outre qu'il avait à soutenir les reproches qu'on adressait alors à tous les impôts de l'ancien régime, le privilège dont jouissaient les provinces que nous venons de citer, aiguisait la jalousie des autres provinces. Et cela peut expliquer l'impopularité de cet impôt, au moment de la Révolution. Nous avons eu déjà l'occasion de citer un passage du cahier du Tiers du Poitou qui ne faisait rien moins qu'assimiler le monopole du tabac à l'impôt qui de tous était le plus souverainement détesté : la Gabelle.

Cependant nombre de cahiers avaient estimé que cet impôt devait être conservé, et de bizarres raisons étaient données, à savoir par exemple : que de « l'avis des médecins il altère la mémoire et concourt à la production de maladies nerveuses ». Mais des raisons plus sérieuses étaient également invoquées.

Le Tiers du Mans le soutenait, déclarant qu'il était entièrement volontaire et ne portait que sur un objet de luxe.

L'Assemblée Constituante n'avait donc pas dans les cahiers du Tiers une condamnation aussi radicale de l'impôt du tabac, que de certains impôts dont nous avons parlé plus haut. Aussi, quand elle eut à s'en occuper pour la première fois au début de l'année 1790 elle sembla bien indiquer son intention de le conserver.

L'abbé Gouttes qui avait été chargé du rapport qui

devait être présenté à la Chambre, refusait au nom du comité des finances, au contrôleur général qui l'avait demandé, la réduction du produit de l'impôt du tabac. Il estimait que cette branche d'impôt était à la fois la moins onéreuse et la plus sûre de toutes, puisqu'elle était à la fois volontaire, journalière, libre et au comptant. De plus, sa suppression ne devait pas aller sans un remplacement qui aggraverait les charges territoriales, ce qui serait injuste, puisque l'impôt nouveau porterait sur tous les citoyens, alors que l'ancien ne frappait que le petit nombre de ceux qui voulaient bien s'y soumettre. Et le rapporteur offrait à l'Assemblée un projet de décret qui avait pour but le maintien, ou plutôt le rétablissement de l'ordre de chose passé, car il y aurait eu, là aussi, un arrêt dans la perception des droits, une extension non réprimée de la contrebande.

La vente du tabac, au prix fixé par les ordonnances, continuerait d'avoir lieu comme autrefois, par les employés ; et parmi ces employés, ceux qui étaient placés sur les frontières et qui devaient empêcher l'introduction du tabac étranger par les contrebandiers, reprendraient immédiatement leurs fonctions.

« Les municipalités des lieux dans lesquels ils résidaient précédemment, pourvoiront à ce que leurs anciens logements leur soient rendus et le roi sera supplié de donner tous les ordres nécessaires pour assurer le recouvrement et la perception des droits (1). »

Le rapporteur demandait également le rétablissement des visites, dans les maisons et dans les magasins.

C'est à la suite de la lecture de ce rapport que Dupont de Nemours prit la parole. Il fut un chaleureux défenseur de l'impôt du tabac, ce qui devait paraître bien extraordinaire, puisqu'il se montrait toujours ennemi des impôts indirects, mais il demandait, et cette proposition était de toute justice, que le privilège accordé aux provinces que nous avons citées plus haut fût supprimé. Nous allons voir que l'on employa le moyen qui infailliblement devait faire rejeter cette motion: on demanda aux députés des dites provinces de donner leur avis sur ce point.

Dupont de Nemours voulant bien montrer toute l'importance qu'il attachait au maintien de l'impôt sur le tabac, débutait ainsi :

« Messieurs, personne ne me soupçonnera de penser, et bien moins encore, de vouloir persuader, contre ma pensée qu'un privilège exclusif ne soit pas une institution très injuste et très fâcheuse. Personne ne me soupçonnera d'être un partisan trop zélé des impositions indirectes.

« Mais nourri dans les travaux de l'administration et dans l'observation des faits d'après lesquels on

---

1. *Archives parlementaires*, 1re série, tome XV, page 256 séance du 23 avril 1790.

peut se déterminer sur les opérations politiques, j'avouerai que plusieurs impositions indirectes considérables, venant d'être changées tout à coup en impositions dont la plus grande partie sont directes, le plus redoutable des inconvénients me paraîtrait d'ordonner encore la transformation subite d'une très forte imposition indirecte en une nouvelle imposition directe. Transformation qui d'ailleurs dans l'espèce dont il s'agit présenterait quelque injustice.

« L'imposition du tabac me semble être une de celles qui doivent être diminuées ou supprimées aussitôt que l'état des finances et la supériorité des revenus sur les besoins le permettront. Ce n'est pas une de celles qui peuvent être remplacées par une autre imposition ; on ne doit pas imposer le travail, au soulagement des fantaisies et faire payer 30 millions par un grand nombre de citoyens qui ne prennent point de tabac, afin de le procurer à meilleur marché au petit nombre de ceux qui en prennent. Car ceux qui prennent du tabac sont le petit nombre, puisque la consommation générale du royaume n'excède pas 16 millions de livres pesant, pour 24 millions d'individus qui forment la population des départements où le privilège exclusif du tabac est établi. La consommation de ceux qui en usent, même modérément, n'est pas au-dessous de six livres par année, de sorte qu'il se trouve prouvé qu'il n'y a pas plus d'un homme sur neuf qui prenne du tabac en

Cuny

France. Il faudrait donc en imposer huit qui n'ont aucun intérêt à le désirer, et qui certainement ne le désirent pas, pour faire plaisir à ce neuvième qui en effet pourrait vouloir fortement qu'on charge ses voisins d'imposition afin que le tabac lui coûte moins cher (1). »

Dupont montre combien sont nombreuses les municipalités qui demandent le maintien de l'impôt du tabac. Pour lui, la patrie ne devant être occupée que de l'intérêt de tous, il ne faut pas sacrifier à l'intérêt particulier l'intérêt général. Aussi ne doute-t-il pas que cette patrie veuille. « Dans la conjoncture où se trouve l'État, ménager autant que possible les propriétaires des terres. Elle craindra d'élever trop rapidement les impositions directes. Elle voudra conserver un revenu qui existe, sur une jouissance volontaire ; mais elle examinera, vous examinerez pour elle, avec le plus grand soin, quel doit être le régime de cette contribution (2). »

L'orateur examine alors les divers systèmes d'imposition du tabac, dont il montre les avantages et les inconvénients.

Il donne la préférence à celui qui a été suivi jusqu'alors.

1. *Archives parlementaires*, 1re série, tome XV, page 257, séance du 23 avril 1790.
2. *Idem.*

« Examen fait des deux plans qui supposent la prohibition de la culture du tabac, vous voyez, messieurs, que celui qui a été suivi jusqu'à ce jour est à la fois le plus simple et le plus sûr. Il est en même temps le moins vexatoire, car il n'exige une surveillance active qu'à l'entrée du royaume, il n'en demande qu'une modérée au débit; et l'autre demanderait surveillance à l'entrée du royaume, surveillance à l'entrée des villes, surveillance à la fabrication, surveillance au début, toutes quatre dispendieuses et gênantes. »

Tels sont les deux systèmes qui supposent la prohibition de la culture du tabac dans le royaume.

Que penser des régimes qui permettraient la culture à l'intérieur. La grosse objection à faire à de pareils systèmes, c'est qu'on ne pourrait, en justice, taxer la culture du tabac, plus qu'aucune autre culture, puisque son rapport n'est pas supérieur.

« La culture du tabac permise, trois seules manières pourraient produire sur elle, pour le fisc, un revenu au-dessus de l'impôt légitimement dû par une culture quelconque en raison de son produit net. Toutes trois seraient plus vexatoires que le régime actuel, toutes trois seraient insuffisantes.

« La première serait d'imposer la culture ;

« La seconde d'imposer la fabrication et le débit ;

« La troisième de réserver à l'État le privilège exclusif de cette fabrication (1). »

Et Dupont reprenant chacun de ces trois systèmes, s'attache à démontrer qu'ils seraient l'un comme l'autre impraticables.

Puis voulant se débarrasser d'un adversaire gênant, duquel il prévoit une foule d'objections, il dit : « La culture du tabac est détruite à compter de ce jour et par un décret de la Providence, dans les départements Alsaciens et Belges; car ou elle sera établie dans tout le royaume, et alors ils ne pourront pas la soutenir, ou elle sera proscrite dans tout le royaume et alors ils ne pourront pas la conserver. L'intérêt de ces départements n'entre donc pour rien dans la question; celui qu'ils pouvaient avoir n'existe plus, il faut se décider pour le plan qui donnera le plus de revenu à l'État et qui exigera le moins d'impositions et de vexations ; ou, ce plan, ce parti le plus productif et le moins vexatoire est celui qu'on suit depuis très longtemps dans les neuf dixièmes du royaume (2). »

Là il s'arrête sur une objection assez spéciale qui est celle de la fourniture du tabac par l'Amérique. Bien que cette partie du discours de Dupont soit en

1. *Archives parlementaires*, 1re série, tome XV, séance du 23 avril 1790.

2. *Archives parlementaires*, 1re série, tome XV, séance du 23 avril 1790.

dehors de notre étude, nous en extrayons un passage où l'orateur résume les théories de son école en matière de commerce international.

« Quelques personnes sont cependant touchées d'une considération :

« Nous sommes, disent-elles, tributaires de l'Amérique pour notre approvisionnement de tabac.

« C'est une chose fort singulière que cette expression des préjugés commerciaux et que cette manie des gens qui voudraient faire un grand commerce étranger, à la charge de ne rien acheter à l'étranger ; qui confondent un achat dont on reçoit la valeur, avec un tribut pour lequel on ne reçoit rien, qui ne savent pas que l'unique principe du commerce est de vendre le plus cher que la concurrence puisse le permettre, les choses qu'on recueille, ou qu'on fabrique et de se pourvoir de celles dont on a besoin où on les trouve à meilleur marché, et mettent surtout une grande importance à être payés ou à payer d'une manière plutôt que d'une autre. Comme si une livre de plomb était plus lourde qu'une livre de plume ! Comme si mille écus en argent valaient un sol de plus que mille écus en marchandises ! Comme si l'argent acheté avec des marchandises, puis revendu contre d'autres marchandises qui concourront à la masse des productions, ou des travaux avec lesquels on rachètera d'autre argent, ne formaient pas la circulation dont l'activité est partout utile et sert partout à faire subsister les hommes, à les rendre plus heureux et meilleurs. Il faut, sans doute, vendre ses marchandises toutes les fois qu'on le peut, mais il ne s'ensuit pas qu'il ne faille jamais rien acheter avec l'argent qu'on s'est procuré en vendant ses marchandises (1). »

C'est là une des théories importantes de l'école physiocratique. Théorie qui eut assez peu de succès à la Constituante, puisque cette Assemblée vota en 1791 un tarif de douane, modéré il est vrai, mais nettement protectionniste, relativement du moins aux principes posés par les économistes.

A la fin de son discours Dupont déclarait que trois choses lui étaient clairement démontrées :

« L'une, qu'il faut aujourd'hui conserver un revenu sur le tabac.

« L'autre, que le régime de sa perception doit être général et uniforme.

« La troisième, que le prix de cette marchandise doit être baissé d'un cinquième dès aujourd'hui, en compensation de l'extension sur tout le royaume et continuer de baisser progressivement à des époques indiquées par la libération des dettes publiques. »

Suivait un projet de décret qui était l'expression résumée de ce que contenait le discours.

« L'Assemblée nationale a décrété et décrète :

---

1. *Archives parlementaires*, 1re série, séance du 23 avril 1790

« Que le revenu public provenant de la vente du tabac sera conservé;

« Que les lois relatives à sa perception et à son administration seront rendues générales et uniformes ;

Qu'à la faveur de cette uniformité qu'embrassera un plus grand nombre de contribuables et qui restreindra la contrebande, le prix du tabac sera diminué (1)... »

Le projet de Dupont fut renvoyé aux comités des finances et du commerce réunis, qui discutèrent longuement la proposition et semblaient presque disposés à l'accueillir, quand un député, particulièrement intéressé au maintien du privilège des provinces d'Alsace (Roëderer, député de Metz) proposa que le projet de Dupont fût soumis aux délégués des provinces privilégiées. On conçoit quelle dut être la réponse de cette réunion d'hommes qui ne pouvaient que maintenir contre tous raisonnements les prérogatives même injustes de leurs provinces. C'est ce qui se produisit.

Le 13 septembre, Roëderer lut un rapport au nom du comité. Il proposait de rendre la liberté à la culture, à la fabrication et au débit des tabacs français et de donner à l'État le monopole de l'importation et de la préparation des tabacs étrangers. C'était en

1. *Archives parlementaires*, 1re série, tome 15, pages 265 et suivantes. Séance du 23 avril 1790.

somme supprimer au préjudice du Trésor l'ensemble des revenus du tabac. Les députés eurent conscience de la grosse responsabilité qu'on leur demandait d'endosser ; aussi ajournèrent-ils la discussion qui ne vint en séance que le 13 novembre. Nombre d'orateurs prirent alors la défense du monopole du tabac, reproduisant, en partie, les arguments émis par Dupont.

L'abbé Maury notamment s'éleva contre cette suppression qu'il estimait désastreuse : « Je supposerai, contre toute vérité, que les consommateurs de tabac forment le tiers des habitants du royaume, et qu'ils s'approvisionnent tous dans les bureaux de la ferme générale. Il y a donc 8 millions de Français qui versent actuellement 30 millions dans le Trésor public, tandis que 16 millions de nos concitoyens sont absolument exempts de cette contribution. Or je demande, en vertu de quel droit, vous feriez payer à 16 millions d'hommes l'impôt d'une jouissance qu'ils n'ont pas ou même qu'ils détestent. Vous sauront-ils gré d'avoir soulagé, les preneurs de tabac à leurs dépens ? Non, au lieu de diminuer l'impôt sur le tabac, il serait à désirer qu'on pût l'augmenter et si « je ne craignais pas d'exciter la contrebande par l'appât du gain, je n'hésiterais pas à vous proposer le doublement de cet impôt...

Demandez à ce peuple si jaloux de la culture du tabac s'il n'a pas d'autres besoins infiniment plus pressants. Demandez-lui s'il est logé, nourri, vêtu, avant d'anéantir un impôt qui n'arrive au Trésor public que pour décharger la classe indigente (1). »

Mais il y eut cependant des défenseurs du projet du comité qui prétendirent que le peuple ne voulait plus de cet impôt, qu'il était aussi impopulaire que la gabelle, et qu'en frappant les provinces qui en avaient été exemptes jusqu'alors, c'était les rendre hostiles à la Révolution.

Pétion proposa un simple droit de douane.

Barnave s'attaqua au comité de l'imposition, lui reprochant de proposer continuellement des suppressions d'impôts, sans se douter qu'il devenait responsable du mauvais état des finances.

L'Assemblée toujours indécise renvoya à nouveau le projet du comité des finances, en lui demandant de chercher le moyen par lequel on parviendrait à porter les recettes de l'État au niveau de ses dépenses.

Le 31 janvier 1791 Roëderer fit un nouveau rapport au nom du comité des finances. Il maintenait la liberté de la culture, de la fabrication, de la vente du tabac, mais proposait le paiement d'un droit de li_ cence, la prohibition de l'importation du tabac fabriqué et frappait d'une taxe fort élevée l'entrée des

1. *Archives parlementaires*, 1re série, tome XX, séance du 13 novembre 1790.

feuilles de tabac venant de l'étranger. Il établissait une régie pour fabriquer et vendre des tabacs au compte de l'État et en concurrence avec les particuliers.

Mirabeau prit part à la discussion. « Il fit valoir avec la clarté et l'autorité qu'il apportait dans tous les débats, qu'avant tout il était nécessaire de sauvegarder les intérêts du Trésor, et que pour cela le monopole était indispensable, et avec le monopole, la prohibition de la culture (1). »

Le résultat de ce discours fut le renvoi du projet au comité des finances, pour la troisième fois.

Mais dès le 12 février, Roëderer reprenait son projet antérieur. Cette insistance du comité finit par convaincre ou peut-être par lasser un certain nombre de députés qui voulurent bien admettre que cette réforme ne serait pas plus dangereuse pour les finances que les suppressions d'impôts qui auraient été précédemment effectuées. Aussi le 13 février, à une infime majorité il est vrai, le comité des finances obtenait la note de l'article 1er de son projet, contenant le principe de *la liberté de la culture du tabac*.

Enfin les deux lois du 4 et du 20 mars 1791 furent votées.

« Décret du 20-27 mars 1791. Décret relatif à la liberté de cultiver, fabriquer et débiter le tabac.

---

1. *Archives parlementaires*, 1re série, tome XXII, séance du 29 janvier 1791.

« Article premier. — A compter de la promulgation du présent décret, il sera libre à toute personne de cultiver, fabriquer et débiter du tabac dans le royaume. »

La Constituante abolissant l'impôt indirect sur le tabac avait donc été plus physiocrate que le plus ardent des économistes de l'Assemblée.

On voit par là qu'il est difficile de dire que l'influence de Dupont à la Constituante fut regrettable et qu'elle vota sans aucun avertissement la suppression des impôts indirects. Le compte rendu que nous venons de donner prouve, une fois de plus, qu'il n'en fut pas toujours ainsi. Nous ne nions certes pas que les théories physiocratiques ont eu une influence considérable dans cette question des impôts indirects; mais ce que nous ne pouvons pas admettre c'est que la responsabilité en incombe à Dupont de Nemours. Celui-ci, conscient en effet de la difficulté d'application que présentaient ces théories, chercha toujours à tempérer leurs effets par des mesures préventives et cela tout aussi bien dans l'intérêt du Trésor que dans l'intérêt des théories physiocratiques qui à cette époque ne trouvaient pas un champ d'expérience suffisamment préparé.

CHAPITRE VII

IMPOTS DIRECTS

L'Impôt Foncier

Nous pourrions terminer ici notre étude et passer, sans nous y arrêter, sur les impôts directs; car, si l'influence de Dupont de Nemours se dégage clairement de la comparaison des textes proposés par lui, et des textes votés par la Constituante, en matière d'impôt indirect, il est plus difficile de faire les mêmes études et les mêmes comparaisons pour les impôts directs. Nous croyons cependant devoir rappeler très brièvement quel fut le système qui servit de base à cette Assemblée lorsqu'elle créa l'impôt foncier; et nous rapprocherons ce système de la conception que l'école physiocratique se faisait de l'impôt sur la terre.

Nous avons eu l'occasion de parler de deux grandes définitions données par l'école physiocratique, touchant le revenu brut et le revenu net. Quesnay s'était attaché à les distinguer, et les nombreux membres de l'école, commentateurs de l'œuvre du maître, ont mis cette distinction en lumière.

Pour Quesnay, il n'y a que la classe des propriétaires qui jouisse d'un revenu réel provenant de la puissance créatrice de la terre. Le produit net étant le seul revenu réel et disponible doit supporter tout l'impôt.

Pour les physiocrates, la culture du sol exige des avances, de durée et d'importance différentes.

Tout d'abord les avances faites ou les capitaux engagés primitivement par le propriétaire pour le défrichement, le nivellement, les clôtures, etc...

Puis les capitaux engagés par l'entrepreneur, le cultivateur lui-même, sous forme d'instruments aratoires, d'animaux, outils ; ce sont des avances qui sont faites au début de la culture et qu'il faut renouveler périodiquement.

Enfin les avances annuelles sous forme de semences, de fumiers et de salaires.

Or le produit brut doit permettre la reconstitution des avances annuelles, l'entretien et le remplacement des capitaux fixes, l'intérêt du capital foncier engagé par le propriétaire sous forme d'amélioration, le profit du cultivateur qui se trouve à la tête de l'entreprise qui sera la rémunération de son travail et de ses risques, enfin le revenu du travail ou salaire.

L'excédent formera le *produit net*, ce que l'impôt peut atteindre sans inconvénient car il est le résultat du travail inconscient de la nature, indépendant du travail du propriétaire et du cultivateur.

Les physiocrates en arrivaient à considérer l'État comme copropriétaire du sol. En effet, au bout de très peu de temps, la partie du produit net qui serait à payer par le propriétaire viendrait réduire d'autant la valeur des terres, et les achats et ventes se feraient avec déduction de la part revenant à l'État copropriétaire. Pour les physiocrates, cette conception de la copropriété de l'État avait le grand avantage d'intéresser le souverain à l'agriculture.

Dans ses *Maximes générales ou Gouvernement économique d'un royaume agricole*, Quesnay demande « que l'impôt soit établi immédiatement sur le produit net des biens-fonds » (1). Turgot développant cette idée dans son *Plan d'un mémoire sur les impositions* ajoutait : « M. Quesnay a le premier fixé la juste idée du revenu en apprenant à distinguer le produit brut du produit net. Le vrai revenu est la part du propriétaire au delà de celle du cultivateur. Toute autre idée du revenu est illusoire. Or il est évident que c'est le revenu seul que l'impôt peut partager, puisqu'il est une fois démontré que l'impôt doit respecter la part du cultivateur, il faut

---

1. *Collection des principaux économistes*, tome II. Les physiocrates, page 83, *Maximes générales du gouvernement économique d'un royaume agricole*.

par une conséquence nécessaire qu'il soit payé par le propriétaire. »

Le Trosne est beaucoup plus catégorique, et pour arriver à la même conclusion, il a une suite de raisonnements qu'il présente avec la rigueur de déductions mathématiques. « Comme le produit net de la culture, qui est la seule partie disponible, appartient de droit aux propriétaires, c'est d'eux que le souverain doit recevoir la portion nécessaire à la chose publique... — Il n'y a donc d'impôt régulier que celui qui est assis sur le produit net de la culture et exigé des propriétaires. — Tout autre impôt est irrégulier car il est hors de sa base naturelle. » (*L'Administration provinciale et la réforme de l'impôt*, Le Trosne, 1788.)

Ajoutons que pour les économistes, l'impôt ne devait pas être déterminé, mais variable, d'après l'augmentation ou la diminution du produit net.

C'est à ce système que Dupont donnait le titre de *Constitution domaniale à portion de revenus*.

Toutes ces idées se trouvent du reste dans l'ouvrage de notre auteur *De l'origine et des progrès d'une science nouvelle*.

« Cette proportion naturelle et légitime de l'impôt avec le produit net qui doit le payer s'établit d'elle-même dans une société naissante. Car alors ce sont ces propriétaires fonciers qui, pressés de la nécessité de se soumettre à l'autorité tutélaire qu'ils élèvent au milieu d'eux, pour se garantir mutuellement la jouissance des biens dont ils sont en possession, consacrent volontairement, et par leur propre intérêt, une partie du produit net de leur domaine, à faire les frais du ministère de cette autorité protectrice.

« C'est ainsi que l'institution de l'impôt, loin d'être opposée au droit des propriétaires fonciers, est au contraire un usage de leur droit de propriété.

« Elle est même un usage profitable du droit des propriétaires fonciers, car au moyen de la sûreté que cette institution donne aux propriétés et à la liberté, les propriétaires peuvent étendre, multiplier leurs travaux et accroître indéfiniment la culture et les produits de leurs propriétés.

« Si l'on statue, alors, que l'autorité tutélaire restera à perpétuité copropriétaire dans le produit net de la culture suivant la proportion établie par l'évidence de la quotité que doit avoir l'impôt pour donner le plus grand degré de sûreté publique à la société et pour que le sort des propriétaires fonciers soit le meilleur qu'il est possible et préférable à tout autre dans la société, on constitue la forme de l'impôt le plus avantageux possible au souverain et à la nation (1). »

1. *De l'origine et des progrès d'une science nouvelle*, Collection des économistes, tome II, 1ʳᵉ partie, page 356. Guillaumin, 1846.

Lorsque La Rochefoucauld eut à faire au nom du comité de l'imposition un rapport sur la contribution foncière, il ne put passer sous silence les théories de l'école qui avait eu une si grande influence dans la seconde moitié du siècle et qui avait porté la science économique à un si haut degré ; ce ne fut du reste que pour adopter une partie seulement de ces théories.

« Il (le comité) n'ignore pas que quelques écrivains célèbres en économie politique ont posé pour axiome que le souverain, quel qu'il fût, monarque ou nation, avait un droit de copropriété sur tous les fonds de l'État et qu'il devait percevoir une certaine quotité de revenus, pour l'employer aux frais du gouvernement et de l'administration ; mais cette idée ne lui a pas paru conforme aux véritables principes. En effet, Messieurs, si l'on réfléchit sur la nature des contributions, l'on verra qu'elles doivent avoir pour mesure les besoins de l'État et que ces besoins étant variables, la somme des contributions doit y rester toujours exactement proportionnée. Les propriétaires en se formant en société ont pris l'engagement de fournir à ces besoins ; mais ils ne se sont pas pour cela démis d'une partie de leur propriété, ils ont, au contraire, dû se réserver toujours le droit de déterminer l'étendue de ces besoins...

« Votre comité, tout en rendant justice à ces hommes estimables, a pensé que leur doctrine était bonne peut-être à prêcher à des despotes, parce qu'en favorisant leur vanité ou leur avidité par ce titre de copropriétaire, elle pourrait les attacher au bien-être du peuple soumis à leurs lois, par l'espérance d'en retirer eux-mêmes un accroissement de richesses et de grandeur ; mais que chez une nation libre un tel appât n'était nécessaire, ni au gouvernement surveillé par ses représentants, ni à ses représentants eux-mêmes ; qu'il fallait donc s'en tenir au principe véritable, que la contribution doit être fixée d'après les besoins de l'État, reconnus et déclarés par les représentants du peuple, et que, par conséquent, la contribution doit être une somme déterminée (1). »

Mais, par contre, on trouvait, au cours de ce rapport, nombre de passages dignes de la plus pure physiocratie. Il disait notamment : « En définitive, source de toutes les richesses, c'est elle, la terre, qui fournit aussi toutes les contributions » (2) ou encore : « La contribution en nature porte sur le produit brut, ce qui est déjà un grand vice, puisque le produit net est le seul qui doive la contribution ; car les frais de culture et l'intérêt des avances du cultivateur ne peuvent pas être attaqués par elle, sans que la reproduction en souffre (3). »

1. *Archives parlementaires*, 1re série, tome XVIII, page 697, séance du samedi 11 septembre 1790.
2. *Idem.*
3. *Idem.*

Nous ne rentrerons pas dans le détail de la discussion de la loi de l'impôt foncier, nous n'y trouvons, de la part de Dupont, aucune intervention importante, pouvant entraîner l'assemblée dans telle ou telle direction.

Il ne prit la parole qu'une seule fois et pour demander que l'on ne réduisît pas le chiffre que devait rapporter cet impôt et dans un tableau fort intéressant il montrait que les impôts directs étaient bien moins élevés sous le régime nouveau qu'autrefois et que les contribuables étaient soulagés « d'une somme précisément égale à la totalité de l'ancienne taille, et à la totalité de l'ancienne imposition des chemins » (1).

Le décret sur la contribution foncière porte la date du 23 novembre 1790.

« Titre premier. Articles généraux.

« Article premier. — Il sera établi, à partir du 1er janvier 1791, une contribution foncière qui sera répartie par égalité proportionnelle, sur toutes les propriétés foncières, à raison de leur revenu net, sans autres exceptions que celles déterminées ci-après, pour les intérêts de l'agriculture.

« Art. 2. — Le revenu net d'une terre est ce qui reste à son propriétaire, déduction faite sur le produit brut, des frais de culture, semences, récolte et entretien.

1. *Archives parlementaires*, 1re série, tome XVI, séance du 15 mai 1791.

« Art. 3. — Le revenu imposable est le revenu net moyen, calculé sur un nombre d'années déterminé... »

A la suite des articles du décret, on trouvait des « Instructions de l'Assemblée Nationale sur la contribution foncière ». On y lisait notamment : « La propriété foncière a aussi pour un de ses principaux caractères d'être absolument indépendante des facultés du propriétaire qui la paie ; elle a sa base sur les propriétés foncières, et se répartit à raison du revenu net de ces propriétés. On pourrait donc dire avec justesse que c'est la propriété qui seule est chargée de la contribution, et que le propriétaire n'est qu'un agent qui l'acquitte pour elle, avec une portion des fruits qu'elle lui donne...

« Elle doit être répartie sur toutes les propriétés foncières, à raison de leur revenu net.

« L'article 2 explique ce que l'on doit entendre par le revenu net, qui est : ce qui reste au propriétaire, déduction faite sur le produit brut (c'est-à-dire sur la totalité de ce qu'un champ a rendu, de la quantité des gerbes suffisantes pour payer les frais de culture, de semences, de récolte et d'entretien) et l'article 3 définit le revenu imposable, qui est le revenu moyen calculé sur un nombre d'années déterminé (1). »

1. *Collection des lois antérieures au bulletin des lois*, tome II, p. 173 et s.

Ne sent-on pas, dans tous ces documents, l'influence des théories physiocratiques ?

Citons les remarques faites à ce sujet, par M. Stourm dans son ouvrage *Les finances de l'ancien régime et de la Révolution*. Il suffit « d'examiner avec quelque attention le texte des articles en question pour reconnaître que l'inspiration théorique de l'École a pu seule aveugler leur rédacteur, au point d'y faire insérer les dispositions suivantes, absolument inexécutables dans la pratique.

« La méthode tracée dans les articles 2 et 3 de la loi de 1790 et dans leur commentaire officiel — l'instruction de l'Assemblée Nationale — débute en effet par la prescription de déterminer le produit brut de chaque champ, c'est-à-dire d'évaluer la totalité de ses « produits directs ou accessoires, vendus, consommés ou conservés. Ce premier travail offrirait déjà de grandes complications, des difficultés presque insurmontables. Mais il faut, ensuite, déduire du revenu brut les frais de culture, semences et entretien. Ici commencent les véritables impossibilités, d'après l'instruction de l'Assemblée Nationale, « les frais de culture sont très multiples et peu faciles à calculer en détail. On peut seulement dire qu'il faut y comprendre les objets suivants : l'intérêt de toutes les avances premières, nécessaires pour l'exploitation, l'entretien des bâtiments, celui des instruments aratoires, tels que charrue, voitures, etc., l'entretien et l'équipement des animaux qui servent à la culture ; il faut encore déduire les renouvellements d'engrais, le salaire des ouvriers, les salaires ou bénéfices des cultivateurs qui partagent et dirigent leurs travaux, etc...

« Voilà cependant en résumé ce que prescrivait textuellement la loi et les instructions de l'Assemblée Nationale. La seule conception d'une entreprise aussi invraisemblable prouve bien que l'Assemblée, en cette circonstance, fit passer aveuglément dans le corps de ses décrets la théorie des livres des physiocrates, sans se préoccuper de l'adapter au rôle pratique qu'elle avait à remplir (1). »

Dupont de Nemours estima sans doute que l'Assemblée Constituante faisait tout ce qu'il était possible de faire à pareille époque, dans la voie des réformes, car nous ne trouvons aucune trace importante des conseils qu'il aurait pu, dans ces circonstances, donner à ses collègues. Aussi n'avons-nous voulu rappeler ici la loi de mars 1790 que pour montrer que l'intervention d'un physiocrate dans les débats de la Chambre n'était pas indispensable pour que celle-ci convaincue de la valeur des théories physiocratiques en fît l'application.

1. STOURM. *Les Finances de l'Ancien Régime et de la Révolution*, 1885, tome I, pages 141 et 142.

CONCLUSION

Nier absolument l'influence des physiocrates sur la politique économique de la Constituante, ce serait là une opinion, à notre avis, insoutenable. Au cours de nos recherches, nous n'avons du reste rencontré aucun auteur soutenant une pareille thèse. Batbie cependant, dans ses *Mélanges d'économie politique*, estime que cette influence fût à peu près insignifiante : « On a conclu trop légèrement de discours où la doctrine de Quesnay était invoquée par quelques orateurs, que telle avait été la pensée de l'Assemblée entière, mais peut-on attribuer à tous, les opinions que quelques orateurs émettent dans le tumulte des discussions publiques (1) ? »

Mais à côté de cette appréciation, nous pourrions citer un grand nombre d'auteurs, dont la compétence

---

1. Batbie *Mélanges d'économie politique* 2ᵉ partie : Mémoire sur l'impôt avant et après 1789, page 269, Paris, Cotillon, 1866.

en ces matières est incontestable, qui estiment, que les économistes ont eu une influence évidente sur le système d'impôts créé par la Constituante. Pour, de Tocqueville, notamment, les physiocrates qui sont descendus plus près des faits que les philosophes, ont prévu et préconisé la majeure partie des réformes que devait accomplir la Révolution. Parmi les physiocrates, « les uns ont dit ce qu'on pourrait imaginer, les autres ont indiqué parfois ce qu'il y aurait à faire. Toutes les institutions que la Révolution devait abolir sans retour, ont été l'objet particulier de leurs attaques ; aucune n'a trouvé grâce à leurs yeux. Toutes celles, au contraire, qui peuvent passer pour son œuvre propre, ont été annoncées par eux à l'avance et préconisées avec ardeur. On en citerait à peine une seule dont le germe n'ait été déposé dans quelques-uns de leurs écrits ; on trouve en eux tout ce qu'il y a de plus substantiel en elles (1). »

L'étude que nous achevons ici est bien faite pour venir à l'appui de cette appréciation. Et si nous ne pouvons affirmer en pleine connaissance de cause, une généralité, comme le fait de Tocqueville, nous serons aussi catégorique que cet auteur pour ce qui eoncerne la partie des réformes fiscales opérées par la Constituante.

1. ALEXIS DE TOCQUEVILLE. *L'Ancien Régime et la Révolution*, 6ᵉ édition, page 234.

tés dont étaient injustement comblées les deux classes privilégiées de la nation, de l'autre les idées philanthropiques répandues et mises à la mode par les philosophes de la dernière moitié du xviiie siècle avaient exalté le sentiment populaire et assuré le triomphe des doctrines physiocratiques (1). »

Mais ce gros reproche que nous faisons aux Constituants d'avoir cédé avec trop de complaisance aux exigences du peuple, sans oublier du reste que les circonstances atténuantes sont nombreuses, ce reproche ne doit pas être fait, croyons-nous, à Dupont de Nemours. Nous avons indiqué plus haut combien notre auteur s'était montré peu empressé à briguer la popularité, et nous avons rappelé que sa franchise lui avait valu de violentes attaques et un grand nombre d'ennemis.

Ses nombreuses motions faites à l'Assemblée dans le but de prévenir les troubles et pour exiger le paiement des impôts ;

Ses demandes réitérées pour obtenir de ses collègues l'élaboration d'un plan de réforme des finances ;

Sa préoccupation continuelle de soulager la terre, pour lui, qui était partisan de l'impôt unique territorial (2).

1. *Dictionnaire des finances* : « *Contributions* », article de L. Sestier.
2. Lors du projet de taxe territoriale proposée par Necker, il combattit cette taxe, parce qu'elle aurait dépassé les forces des contribuables.

Les plaidoyers en faveur du tabac, de l'enregistrement, des postes, pour lui qui était ennemi des impôts indirects (1).

Sont autant de manifestations de son attachement désintéressé au bien public. Et nous ne ferions que nous répéter si nous montrions combien il hésita parfois à aider au triomphe de ses propres théories, sentant bien que le terrain d'expérience qu'on allait leur donner était nettement défavorable.

« Ce qui frappe surtout, dans l'ensemble de la vie morale et intellectuelle de Dupont de Nemours, c'est la constance de ses opinions et le parfait accord de tous ses actes avec les doctrines qu'il avait embrassées. Qu'on prenne cet homme de bien, avant la Révolution de 1789, pendant la Révolution de 1789 et après la Révolution de 1789, on trouvera toujours en lui le défenseur de la liberté, de l'ordre et du progrès. Cette formule résume tous ses principes, toutes ses inébranlables convictions, en un mot toute sa foi. Ajoutons que les vertus privées égalèrent chez lui celle du philosophe et du citoyen, de sorte que l'on peut dire qu'il a mérité pleinement l'hommage rendu à sa mémoire par celui qui, dans la Convention, donna au monde le plus bel exemple de courage civil qui soit consigné dans les annales de l'histoire.

---

1. *Lettre à J.-B. Say.*

Donc influence, influence certaine. Mais influence heureuse, ou néfaste, voilà ce que nous devons indiquer.

Pour nous, elle fut plutôt nuisible, et cela non pas tant à cause des vices qui pouvaient entacher les théories physiocratiques et que nous ne recherchons pas, qu'à cause de l'inopportunité de l'application de ces théories.

Combien est grande, en effet, la responsabilité qui pèse sur ces Constituants dont le premier devoir était de sauver les finances de l'État et qui pour ainsi dire inconscients du mal qu'ils commettaient, votaient d'enthousiasme la suppression de la gabelle, des aides, des octrois, etc... Ils étaient cependant prévenus de la difficulté, de l'impossibilité qu'il y aurait à percevoir les nouveaux impôts. Mais cet enthousiasme était vraiment sincère, puisque en dépit des événements désastreux, que la gestion financière de l'Assemblée Constituante ne fit que précipiter, d'anciens membres de cette Assemblée vantèrent longtemps encore le zèle et le dévouement au bien public qui animaient leurs collègues.

« De nouveaux bienfaits pour le peuple signalaient son zèle. Elle (l'Assemblée Constituante) supprima les droits sur les cuirs, sur les huiles et savons, sur l'amidon et sur la marque des fers, droits ruineux dont tous les cahiers avaient demandé la suppression et elle pourvut à leur remplacement. Surtout elle supprima la gabelle, impôt détestable et désastreux contre lequel on avait inutilement réclamé dans plusieurs États Généraux et qui, depuis plusieurs siècles, avait été la cause de beaucoup de séditions et de supplices. Les besoins de l'État l'obligèrent à le remplacer provisoirement par une contribution plus supportable. Ainsi, depuis, elle supprima l'impôt onéreux sur le tabac, et ces deux denrées, le tabac et le sel, devinrent un objet de commerce. Le peuple sentait l'avantage qu'il y avait de ne payer qu'un sou le sel qui, auparavant, lui en coûtait quatorze (1). »

Cette dernière phrase montre toute la préoccupation qui animait les Constituants : Donner satisfaction au peuple à n'importe quel prix ; on sait ce qu'il en coûta à la France : la perte de son crédit !

N'oublions donc pas que ce qui a fait le succès des théories physiocratiques a aussi fait leur malheur. Elles répondaient trop bien aux aspirations du peuple, à sa haine et à sa jalousie contre la propriété foncière. « La terre aux mains du clergé et de la noblesse n'était-elle pas en effet affranchie de la taille et des corvées, c'est-à-dire des charges qui pesaient le plus durement sur le menu peuple, sur l'artisan des villes et des campagnes ? D'un côté les immuni-

---

1. OEuvres de RABAUT SAINT-ÉTIENNE : « Précis de l'histoire de la Révolution française », tome 1er, Paris, Laisné, 1826.

« J'ai connu, nous affirme Boissy d'Anglas, peu d'hommes dont l'âme fut aussi noble, aussi élevée, aussi généreuse ; dont l'esprit fut aussi aimable, aussi original, aussi cultivé ; dont le caractère fut aussi bon et aussi courageux ; dont les principes fussent aussi justes et aussi fermes. Lié avec lui depuis trente ans, je n'ai jamais aperçu, dans sa vie publique ou dans sa vie privée, un sentiment qui ne fut excellent, une pensée qui ne fut inspirée par l'amour du bien, une action qui ne put être avouée par la probité la plus rigoureuse. Il avait pris pour devise : *aimer et connaître*, qu'on a gravée au bas de son portrait et placée dans un de ses. ouvrages comme maxime, qu'aimer est le commencement de la morale (1). »

1. E. DAIRE : *Notice sur la vie et les travaux de Dupont de Nemours. Collection des principaux économistes*, tome II, pages 331 et suivantes.

TABLE DES MATIERES

	Pages
BIBLIOGRAPHIE	5
INTRODUCTION.	9
CHAPITRE I. — Les cahiers des trois ordres et les théories physiocratiques.— La situation de Dupont de Nemours à l'Assemblée Constituante	37
CHAPITRE II. — Les projets de réformes de Dupont de Nemours	65
CHAPITRE III. — La gabelle, les droits de marque des cuirs, de marque de fers, de fabrication sur les amidons, et de transport des huiles et savons . .	82
CHAPITRE IV. — Les aides	115
CHAPITRE V. — Les octrois.	150
CHAPITRE VI. — Le tabac	173
CHAPITRE VII. — L'impôt foncier	188
CONCLUSION	199

Librairie des Facultés, A. MICHALON, 10, rue de Vaugirard, Paris